짐 로저스
앞으로 5년 한반도 투자 시나리오

Jim Rogers' Big Picture:
Why Han Ban Do is Going to be the Most Exciting Place in the World
for the Next 10-20 Years
by Jim Rogers
Originally published by The Business Books and Co., Ltd., Seoul

짐 로저스
앞으로 5년 한반도 투자 시나리오

짐 로저스 · 백우진 지음

비즈니스북스

짐 로저스
앞으로 5년 한반도 투자 시나리오

1판 1쇄 발행 2019년 11월 20일
1판 5쇄 발행 2019년 12월 5일

지은이 | 짐 로저스 · 백우진
발행인 | 홍영태
발행처 | (주)비즈니스북스
등 록 | 제2000-000225호(2000년 2월 28일)
주 소 | 03991 서울시 마포구 월드컵북로6길 3 이노베이스빌딩 7층
전 화 | (02)338-9449
팩 스 | (02)338-6543
e-Mail | bb@businessbooks.co.kr
홈페이지 | http://www.businessbooks.co.kr
블로그 | http://blog.naver.com/biz_books
페이스북 | thebizbooks
ISBN 979-11-6254-113-5 03320

나는 투자의 모든 순간을 사랑했다.
투자는 나의 천직이었다.
_짐 로저스, 《스트리트 스마트》중에서

남북관계가 어려운 상황에서도 '변하지 않는 것은 없다'며 한반도에 일어날 새로운 움직임에 대한 짐 로저스의 강한 확신이 담긴 책이 출간돼 기쁘다. 나는 그와 대화할 때마다 결국 우리의 운명은 우리가 결정해야 한다는 지극히 당연한 결론을 마주하곤 한다. 한반도가 가진 광범위한 주제를 꼼꼼하고도 날카롭게 분석한 이 책의 출간을 진심으로 축하하며, '결국 하나일 수밖에 없는' 한반도를 함께 꿈꾸는 그에게 존경과 감사의 마음을 전한다.

_송영길, 국회의원

2015년 북한에 전 재산을 투자할 수 있다면 하겠다고 선언해 세계를 놀라게 했던 짐 로저스. 그가 예리하고 기민한 투자자의 시선으로 읽어낸, 북한 내부에 확산되고 있는 시장경제의 흐름과 잠재된 성장 가능성을 이야기한다. 아울러 관광, 자원, 에너지 등 한반도 경제통합 관련 주목해야 할 투자 이슈와 함께 구체적인 시나리오를 제안한다. 남북 경협이 재개된다면 중소기업에게는 재도약의 기회가 되고 더 나아가 한반도는 새로운 성장 동력을 얻게 될 것이다. 모쪼록 독자들이 이 책을 통해 경제통합 한반도 투자를 위한 깊이 있는 혜안을 얻기를 희망한다.

_김기문, 중소기업중앙회 회장

미중 무역전쟁, 일본과의 정치·경제 마찰 등 위기에 처한 한반도 상황 속에서 오히려 기회를 찾는 법과 남·북한 경제통합으로 새롭게 그려지는 투자 지형의 미래에 대해 역사와 철학, 경제, 사회 등 다양한 분야를 아우르는 광활한 통찰력을 바탕으로, 짐 로저스만이 건넬 수 있는 흥미로운 조언과 인사이트가 가득 담긴 책이다. 외부 변화가 우리 미래에 어떤 영향을 주는지 분석하고 그것을 지금 우리 삶에 연계해 적용하여 변화와 혁신으로 이어지도록 하는, 즉 미래의 먹거리를 찾기 위해 오늘도 현장에서 고민하고 노력하는 기업체의 임직원뿐 아니라 일반 독자들에게도 유익한 책이 될 것이라 확신한다.

_지성규, KEB하나은행장

북한 경제의 잠재력과 가치는 14년간의 개성공단 경험을 통해 이미 확실히 체험했다. 북한 경제의 미래는 중국이 이룬 고도의 경제 성장보다 훨씬 더 큰 폭발성을 갖고 있다고 단언한다. 《짐 로저스 앞으로 5년 한반도 투자 시나리오》는 북한 경제에 대한 이해뿐 아니라 한반도 평화경제, 동북아 경제의 미래를 저자 특유의 혜안으로 강렬히 전달한다. 진지한 일독을 권한다. 이 책에서 한반도 평화와 경제를 함께 만날 수 있다.

_김진향, 개성공업지구지원재단 이사장

《짐 로저스 앞으로 5년 한반도 투자 시나리오》는 글로벌 투자 전략이 난무하는 정글 같은 현 시대에 꼭 필요한 필독서다. 짐 로저스가 왜 세계 유일의 분단 국가를 매력적인 투자처로 주목하는지, 남한의 기술력과 경제력이 북한의 자원과 결합하여 어떻게 시너지 효과를 낼 수 있는지, 남북의 경제통합이 주변국에 어떤 영향을 미치는지 등에 대해 상세히 분석한다. 이 책은 추상적인 이론 탐구와 호기심에 머물지 않고 남·북한의 현실을 직시해 이 땅의 미래에 대해 정치·사회·경제적 측면에서 담담하면서도 파격적으로 풀어나간다.

_안영용, (주)나노메딕스 대표

짐 로저스를 처음 만난 것은 2015년의 일이다. 그는 '그래핀'graphene이 석유가 세상을 바꾼 것보다 더 큰 변화를 만들어낼 거라고 말하며 무명의 한국 청년 사업가를 믿고 후원해주었다. 그 인연이 지금까지 이어지고 있다. 짐 로저스는 오래전부터 북한의 경제개방과 한반도 경제통합의 폭발적 잠재력을 전 세계인에게 역설하고 있다. 남북·북미 간 긴장감이 최고조에 이르렀을 때도 그의 확신은 흔들리지 않았고, 북미회담이 성사된 후 사람들은 그의 예지력과 통찰력에 놀라움을 표시했다. 이 책은 짐 로저스의 혜안을 가장 체계적이고 심층적으로 다룬 최초의 단행본으로, 그의 담대한 상상력과 예지력을 만날 수 있다.

_이정훈, (주)스탠다드그래핀 대표

근현대사를 통해 형성된 한반도 땅 위의 갈등과 뉴스 이면에 숨겨진 힘의 지형이 이 한 권 안에 거침없이 펼쳐진다. 이 책은 우리가 '안'에 있기 때문에 보지 못하는, 혹은 '우리'라는 단어가 주는 압박에 직시하지 못하고 있는 방안을 제시한다. 유일한 정답은 아니겠지만 그의 제안이 다른 무엇보다 매력적인 건 그의 말은 언제나 현장에서 나오기 때문이다. 그런 의미에서 그가 한반도를 자주 찾아와 만날 수 있다는 것이 희망적이다. 부디 이 책을 읽는 독자들 역시 그의 시선을 통해 새로운 인사이트를 얻는 경험을 누리길 바라며, '우리' 대한민국에 대한 짐 로저스의 깊은 관심과 지혜에 감사 인사를 보낸다.

_이만규, (주)아난티 대표

일러두기

- 본문에서 한반도 내 남한과 북한의 관계나 상황을 설명하는 부분에서는 '남한'으로 표현하였고, 도표·데이터 및 국외 정세를 언급하는 부분에서는 '한국'으로 표현해 담았다.
- 본문 내 표기된 환율은 2019년 10월 기준임을 밝힌다.

역사의 거대한 전환점에 선
한반도를 찾은 이유

이 글을 쓰는 지금, 미국과 북한은 북한 비핵화와 한반도 평화체제 구축을 논의하기 위해 스웨덴 실무협상에 들어갔다. '새로운 딜'에 대한 안팎의 기대와 달리, 아쉽게도 양측은 이번에도 접점을 찾지 못한 듯하다. 사실 협상이 순조롭게 진행됐다고 하더라도 언제든 다시 경색 국면으로 되돌아설 위험은 산재해 있다. 일희일비할 필요는 없다. 내 투자 지론이 그렇듯, 위기가 기회고 기회가 위기다.

　오늘날 동북아의 작은 반도에서 일어나고 있는 지정학적 사건들을 보며 나는 '작은 파도를 보지 말고 바다 밑에서 흐르는 해류를 파악하라'는 말을 떠올리곤 한다. 주식투자 격언에도 '나무를 보지 말고 숲을 보라'는 비슷한 격언이 있듯 큰 흐름을 느끼며 큰 그림을 그려보면 변화의 줄기를 볼 수 있다. 지금 우리가 목도하고 있는 한반도를 중심으로 일어나는 국제사회 변화의 흐름은 무엇인가. 이 예측 불가능한 변화 속에서 우리는 무엇에 투자할 것이며, 어떻게 판단할 것인가. 내가 이 책을 통해 말하고자 하는 것이 바로 그것이다.

향후 10~20년 세계에서 가장 흥미로운 땅 '한반도'

안타깝게도 한국은 세계에서 자살률이 가장 높은 국가 중 한 곳이다. 또 다른 나라의 아이들이 다양한 장래희망을 꿈꾸는 반면 한국의 청년들은 공무원 시험에 매달리고 있다. 2017년 내가 한국의 '노량진'이라는 지역을 방문해 합격률 1.8퍼센트에 불과한 공무원 시험을 준비하는 학생들을 만났을 때 느꼈던 불행과 절망감이 떠오른다. 아마도 이런 세상에서 아이를 낳고 싶지도 않고, 잘 키울 수도 없을 것 같다는 걱정에 출산율이 가장 낮은 나라가 되지 않았을까 생각한다.

그러나 나는 이런 현상이 곧 변화하리라 믿는다. 당신이 지금 느끼는 불행의 깊이를 측정해보길 바란다. 단언컨대 몇 년 후에는 행복의 높이가 그만큼 높아져 있을 것이다. 지난 모든 역사를 살펴보면 우리가 확신했던 일들이 15년이 지난 후에는 어김없이 잘못된 판단인 것으로 드러났다. 가령 1900년에 일어난 사건 하나를 떠올려보자. 그리고 1915년에는 어떻게 되었는지 생각해보라. 완전히 뒤바뀌었다! 역사의 어느 순간을 짚어 살펴봐도 결과는 마찬가지다. 한반도의 상황 역시 2035년에는 지금과 완전히 달라져 있을 것이다. 경제 호황이 찾아올 것이다. 다시금 새로 태어난 아기들의 울음소리가 가득할 것이며, 젊은이들은 큰 꿈을 갖게 될 것이다. 이에 대한 나의 구체적인 생각과 근거는 이 책에 담았다.

두 개의 한국은 지난 70년간 지속해온 광기 어린 역사를 종식하기 위해 협상할 것이다. 38선이 열리고 사람, 자본, 무역 등 자유로운 교류가 이뤄지리라 믿는다. 분명히 밝히건대 나는 '통일'unification을 말하고자 하는 것이 아니다. 남·북한 간의 '개방'opening을 말하는 것이다.

한국의 남성들은 휴전 상황인 한반도에서 전쟁으로 목숨을 잃게 될지 모른다는 두려움을 안고 산다. 머지않아 이 두려움에서도 해방되리라고 본다. 한국과 북한은 매년 국방비로 상당 수준의 예산을 쓰고 있다. 젊은이들이 목숨에 불안감을 안기는 데 책정된 이 막대한 돈은 이제 한반도 위의 모든 사람을 행복하게 만드는 데 쓰이게 되리라. 새로운 한반도를 세우는 데 쓰일 충분한 자금은 여기서 확보될 것이다. 또 이미 한국의 여러 기업에서 '때가 됐을 때' 발 빠르게 투자와 지출을 감행하기 위해 한반도에 펼쳐질 새로운 정세를 어떻게 활용할 것인지 연구하는 테스크포스TF 팀을 편성해 운영 중이다. 남·북한 간 개방에는 비용 소요가 따르겠지만, 국방비 절감과 많은 자본을 가진 한국의 큰 기업들의 투자로 충분히 상쇄할 수 있다.

북한에는 풍부한 천연자원과 더불어 충분한 교육을 받은 성실하고도 저렴한 노동력이 마련되어 있다. 한국은 굉장한 수준의 자본력과 경영 능력, 제조업 분야의 방대한 전문기술을 갖추었다. 이 모든 자원과 8천만 명의 인구가 중국을 경계로 마주한 땅에 자리하고 있다. 북한의 김정은은 덩샤오핑이 중국을 성장시킨 것처럼 자신도 북한을 발전시키겠다고 여러 차례 밝혔다. 새로운 한반도에 맞설 능력이 없는 일본으로서는 현재의 변화를 거부할 수밖에 없다. 일본은 한반도의 긍정적인 흐름에 저항하려고 하지만, 그들은 이 불가역적이면서 결코 되돌릴 수 없는 대변혁을 막을 길이 없다. 이미 한국, 북한, 중국, 러시아가 한마음인 만큼 한반도의 변화는 이뤄질 수밖에 없다.

현재 수많은 한국인이 교육, 취업, 이민 등 여러 이유로 미국을 포함한 다른 국가로 터전을 옮기고 있다. 외국 생활을 하면 도리어 한 나라의 국민으로서 개인의 정체성과 모국에 대한 이해가 깊어지는 계기가 되는 만큼 누구나 그런 기회를 가지는 것이 좋다고 생각한다. 그러나 새로운 한반도의 윤곽이 분명해진다면 대부분의 한국인이 다시 한반도로 돌아오게 될 것이다. 믿기지 않는가? 2020년에 우리가 알고 있던 사실이 2035년에는 모두 달라져 있을 거라는 점을 명심하길 바란다. 한반도는 현재 아주 좋은 때에 좋은 환경에 놓여있다.

한국에서의 첫 책을 출간하며

이 책은 공동저자인 백우진 씨와 함께 쓴 것이다. 그는 다수의 매체에서 경제 전문 기자로 일했고, 경제와 주식투자 분야에서 각각 깊이 있는 책을 쓴 전문가다. 집필 과정에서 그와 나는 자연스럽게 역할을 분담했다. 나는 글로벌 투자자로서 그동안 경험했던 것들을 바탕으로, 세계 경제와 북한의 지정학적 가치를 바라보는 거시적인 시야에서 주로 서술했다. 그는 저널리스트의 관점에서 충실한 자료 조사를 거쳐 남·북한 경제협력, 개성공단, 북한 경제의 시장화 등을 되짚으면서 북한의 미래에 대한 견해를 내놓았다. 물류와 에너지를 키워드로 한반도와 동아시아 경제의 통합을 살펴본 부분에도 그의 기여가 컸다. 특히 그가 단독으로 조사해 서술한 내용의 상당 부분은 '한반도 리포트' 코너에 반영되었다.

《짐 로저스 앞으로 5년 한반도 투자 시나리오》는 나의 첫 한국어 출간본이다. 타국의 언어로 쓰인 책이기에 때론 표현이나 어감이 적확하게 전달되지 않을 수 있다. 그러나 집필을 위해 가능한 모든 시간을 투자하고자 애썼고, 나의 언어와 한국어의 맥락과 해석의 차이를 줍히기 위해 노력했다. 그럼에도 보일 수 있는 부족한 부분에 독자 여러분의 너그러운 양해를 미리 구한다.

일찍이 나는 전 세계 누구보다 먼저 중국의 부상을 예측하고 앞장서 투자해왔다. 그전에는 일본을, 두 번의 세계일주 이후에는 베트남과 미얀마 등을 거쳐 이제는 향후 10~20년 동안 세계 투자 지형을 뒤흔들 수 있는 한반도를 주목하고 있다. 지난 30여 년 동안 동북아의 나라들, 특히 한자문화권을 자주 방문하고 언어와 전통을 접할 수 있었다. 중국에는 '천시, 지리, 인화'天時, 地利, 人和라는 말이 있다고 한다. 하늘의 때가 땅의 이로움보다 못하고, 땅의 이로움은 사람들의 화합만 못하다는 뜻이다. 즉 '성공을 거두기 위한 세 가지 조건은 천시와 지리, 인화'라는 말이다.

북한의 개방에 뒤따를 한반도 경제통합과 발전은 천시와 지리를 갖추었다. 이제 남은 것은 인화다. 한국과 북한의 사람들이 화합하는 것은 두 나라의 손에 달려 있다. 한국과 북한 정부와 국민 모두가 지혜로운 최선을 다하기를 기대한다. 나는 부산에서 런던으로 향하는 열차표를 끊는 날이 오기를 간절히 고대하겠다.

2019년 10월, 싱가포르에서
짐 로저스

| 차례 |

───────────| 제1장 |───────────

절대 흔들리지 않는 6가지 투자 원칙

JIM ROGERS' 5-YEAR KOREAN PENINSULA

INVESTMENT SCENARIO

절대 흔들리지 않는
6가지 투자 원칙

'세계 3대 투자자', '월가의 전설', '투자의 귀재'…
짐 로저스를 가리키는 수많은 수식어구 중 그를 가장 잘 나타낸 말은
'열정과 끈기의 모험가'가 아닌가 싶다.
투자자로 살아온 지 55년. 그동안 그에게 던져진 수천수만 가지 질문에
그가 답한 공통된 가치가 바로 '열정'과 '끈기', '모험'이었기 때문이다.
투자자이자 열정과 끈기의 모험가, 짐 로저스.
55년 동안 절대 흔들리지 않았던 그의 6가지 투자 원칙과 함께
지금 한반도를 주목하는 이유를 들어본다.

위기를 만나지 않는
투자란 없다

Q 많은 사람이 "짐 로저스는 위기에 강한 투자자다."라고 말한다. 1974년, 1987년 미국 주식 대폭락, 2003년 미국 주택시장 거품과 2008년 글로벌 금융위기 등을 예측하고 극복해낸 것으로 유명하다. 늘 한발 앞서 위기를 경고해왔고, 닥쳐올 경제 혼란의 트리거가 될 요인과 주식시장에 미칠 영향, 그에 따른 구체적인 투자 대응 전략까지도 숨김없이 밝혔다. 아무도 주목하지 않은, 저평가된 종목을 골라내 매우 높은 수익률을 얻어낸 '반전의 투자자'로도 불리는데, 투자를 결정하는 당신만의 판단 기준이 궁금하다.

A 내 커리어를 보면 알겠지만, 나는 중장기 투자자다. 중장기 투자의 기본이 그렇듯, 판단은 당연히 펀더멘털fundamental 분석에 기초한다. 주로 지속적이고 광범위한 연구 데이터를 바탕으로 분석하고, 투자를 염두에 둔 종목이 있다면 직접 찾아가 상황과 조건을 파악한다. 이런 식으로 시장의 주요 변화 추이를 지켜보며 앞으로 어떻게 전개될 것인지에 집중하면 1년에서 2년, 심지어 3년까지도 내다보는 판단을 할 수 있다.

특정 나라에 투자하는 경우에는 각각의 환경을 고려하겠지만, 공통적으로 적용하는 몇 가지 판단 기준이 있다. 긍정적으로 전망할 수 있는 인구(평균 연령이 젊고 규모가 큰 인구) 지표를 가졌는가? 교환 및 가격에 통제 조건이 없고 통화가 안정적인가? 높은 관세를 적용하는가? 강력한 보호주의를 펼치고 있지 않은가? 외국인의 토지 소유를 엄격하게 제한하는 식의 경고 신호들이 있지 않은가? 이외에도 기본적으로 저축과 돈이 있는 채권국에 투자한다는 기준을 갖고 있다. 이러한 기준들에 따라 내가 주목해온 나라는 세계 최대 채권국이기도 한 아시아 국가들이다. 대표적으로 중국, 싱가포르, 일본, 홍콩, 대만에 관심을 가졌고, 최근에는 한반도와 러시아로 시선을 돌리고 있다.

한반도는 나의 판단 기준을 충족시킬 수 있는 잠재 요소를 가진 땅이다. 북한은 노동력과 천연자원, 남한은 인구와 기술을 가지고 있다.

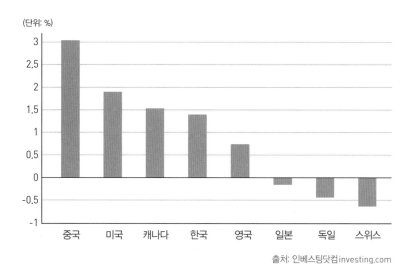

(단위: %)

출처: 인베스팅닷컴investing.com

최근 남북미 사이에 흐르는 긍정적인 흐름의 영향으로 남·북한의 채권 상황 역시 충분히 매력적으로 다가오고 있다. 2019년 9월 기준 남한의 10년 만기 채권 수익률은 1.437%로, 수익률 곡선이 장단기 채권 모두 비교적 평평하게 나타난다. 중국의 채권 수익률은 3.1%로 가파른 상승 곡선을 그리고 있으며 최근 하락세를 나타내고 있는 미국은 1.722%로 한국보다 살짝 높고, 일본은 −0.215%로 한국보다 현저히 낮다. 최근 한국 채권에 투자하는 외국인 투자자 비율이 높아지는 이유가 여기에 있다. 나의 예상으로는 한반도 상황에 따라 향후 10~20년간은 긍정적일 것으로 보인다.

오일쇼크 속에서
수익을 낼 수 있었던 이유

수익을 내는 투자 뒤에는 언제나 정확한 펀더멘털 분석이 존재한다. 위기 속에서 기회를 포착한 대표적인 투자 사례로, 이미 많은 경로를 통해 소개된 나의 대표적인 일화가 하나 있다. 바로 1973년 제1차 오일쇼크가 일어나기 2년 전, 대형 시추회사들의 주식을 매우 싼 값에 사들인 일이다.

1960년에 결성된 석유수출국기구OPEC는 매해 회의를 거쳐 유가를 올리기로 결정했다. 문제는 늘 그 효과가 오래가지 못하고 금세 떨어지곤 해서 사람들의 비웃음을 샀다는 것이다. 하지만 1973년에는 다른 양상이 펼쳐졌다. 당시 전 세계적으로 석유 부족 현상이 발생해 엄청난 유가 상승으로까지 이어졌다. 전 세계에 타격을 준 석유파동, 즉 오일쇼크가 발생한 것이다.

당시 배럴당 2달러 59센트였던 중동산 원유 가격은 하룻밤 사이에 11달러 65센트로 무려 4배 가까이 뛰었다. 내가 몸담고 있었던 퀀텀펀드는 오일쇼크가 일어나기 2년 전부터 석유 시추회사 주식을 미리 사들인 덕분에, 오일쇼크로 인해 엄청난 수익을 냈다.

그 배경에는 이런 일이 있었다. 1971년, 나는 대형 시추회사인 헬메리히 앤드 페인Helmerich&Payne의 사업보고서를 검토했다. 보고서에는 석유 굴착 사업의 수익성이 점점 나빠지고 있는 현황과 지난 15년 동안 굴착 장비의 수가 해마다 감소하는 중이라는 내용이 담겨 있었다. 당시 나는 1956년 이후 석유 재고가 꾸준히 감소하고 있다는 사실도 알고 있었기에 해당 보고서를 접하고서 흥분하지 않을 수 없었다.

곧바로 월트 헬메리히Walt Helmerich II 회장을 접견했다. 그는 나에게 석유 시추 사업의 현황을 설명하며 자신들의 업계가 심각한 위기에 처해 있다고 털어놓았다. 그러면서 투자하지 말라는 경고의 말도 함께 건넸다. 보통의 투자자라면 그런 말을 듣고 꽁무니를 뺐을 것이다. 헬메리히 회장의 말처럼 실제로 현장에서는 어느 누구도 석유 시추 사업에 대해 관심을 보이지 않았다. 공급은 눈에 띄게 줄어들고 있었고, 예비 물량도 점점 줄어들고 있었다. 하지만 나는 내가 판단한 투자의 적기를 놓치고 싶지 않았다. 현재 저평가된 투자처일지라도 앞으로 긍정적이라 판단된다면 과감하게 투자한다는 나의 투자 원칙을 믿고 헬메리히 앤드 페인을 비롯해 유럽의 석유회사 주식을 사들이기 시작했다.

그로부터 2년 뒤 제4차 중동전쟁이 일어나고 OPEC 아랍회원국들이 석유 금수조치를 취하면서 앞서 말한 것처럼 유가는 4배 가까이 껑충 뛰었다. 5개월 후 금수조치가 해제되었지만 한번 뛰어오른 유가는 좀처럼 떨어질 줄 몰랐다. 석유가 바닥을 드러낸 상황을 경험한 사람들이 그제서야 투자를 하기 시작했고, 시장이 반응을 보였기 때문이다. 그러면서 사람들은 금수조치가 유가상승의 근본적인 원인이라고 분석했다. 하지만 시장의 통념과 달리 OPEC의 금수조치는 촉매제에 불과했다.

철저한 분석으로
기회의 순간을 잡는다

앞서도 밝혔듯 내가 퀀텀펀드에 몸담고 있을 당시에 일명 '닉슨 쇼크'Nixon Shock로 불리는 닉슨 대통령의 금 태환 정지 선언, 록히드마틴Lockheed Martin의 주가 상승, 미국 주식 붕괴부터 주택시장 거품, 리먼 사태 등을 예측할 수 있었던 것은 철저한 펀더멘털 분석이 있었기 때문이다. 즉 자본과 상품, 각종 원자재를 비롯해 온갖 정보들의 세계적인 흐름을 분석해 누구도 투자한 적 없는 새로운 시장을 찾아내어 과감하게 투자하는 것이 투자 성공의 요인이라고 생각한다.

특히 제1차 오일쇼크와 함께 연이어 1973~1974년에 발생한 주식 대폭락 당시 살아남은 헤지펀드(헤지펀드에 관한 좀더 자세한 이야기는 뒤에서 하겠다)는 소수에 불과했다. 불특정 다수에게서 자금을 유치하는 공모펀드와 달리, 헤지펀드는 대규모 자본을 가진 소수의 투자자와 파트너십을 맺는 식의 사모펀드 형태로 운영되기 때문에 그 수가 많지 않기도 했고, 월스트리트에서 헤지펀드로 돈을 번다는 것 자체가 매우 어려운 일이었다. 더욱이 오일쇼크의 충격까지 더해지자 많은 헤지펀드가 쓰러졌고, 그중 대부분이 사업을 접기에 이르렀다. 몇몇 헤지펀드들이 명맥을 유지했지만, 주로 미국에 투자하는 데 그쳤다. 국제 헤지펀드로는 퀀텀펀드가 유일하게 살아남은 것이다.

나와 함께 퀀텀펀드를 설립한 조지 소로스는 감각적인 트레이더였다. 그는 시장의 흐름을 날카롭게 포착해 언제 치고 빠져야 하는지를 누구보다 잘 알았다. 반면에 나는 세계의 상황을 면밀히 조사해 시장의 흐름을 예측하고 아무도 발견하지 못한 원석과 같은 투자처를 찾아내는 데에서 열정을 느끼는 편이었다. 또 끊임없이 질문을 던지고 판단해 투자를 결정하는 과정을 즐겼다.

자본주의는 오래된 것이 쇠퇴하고 새로운 것이 탄생하는 과정의 반복이다. 자본의 흥망이 반복되는 과정에서 오래된 기존의 시장들은 위기에 흔들리기 마련이다. 내가 위기 속에서 강했던 이유가 바로 여기에 있다. 언제나 오래된 시장에 머물지 않고 철저한 분석을 거쳐 한발 앞서 새로운 시장을 발견하고 투자를 이어왔다. 그리고 스스로 내린 투자 판단에 대해서는 일말의 의심도 하지 않는다. 늘 확신을 갖고 투자하기 때문이다. 그런 면에서 나는 천생 투자자인 셈이다. 투자로 거둬들이는 수익률 역시 의심할 필요 없이 높은 수준을 유지해오고 있다. 열정을 가진 투자 분석은 그만큼의 보상으로 돌아오기 마련이다. 그렇게 지금도 나의 투자 역사는 계속 이어지고 있다. 내가 지금 한반도를 기회의 땅이라고 외치듯 말이다.

역사의 리듬을 따라
거리에서 답을 찾는다

Q 당신은 경제 칼럼니스트 애디슨 위긴Addison Wiggin의 책 《금융 재조정의 후유증》Financial Reckoning Day Fallout의 서문에 "금융시장에서 일하고 싶다면 먼저 역사를 공부하라. 주식시장은 당신이 학교를 졸업한 날부터 시작되지 않았다. 이미 수세기 동안 존재해왔다. 모든 시장이 그렇다. 과거에 있었던 일은 오늘도, 그리고 언젠가는 일어날 것이다."라고 쓰면서 역사의 중요성을 강조했다. 투자자에게는 너무 거시적인 내용이라 판단되는데 이 조언을 거듭해서 건네는 이유는 무엇인가?

A 역사와 현장은 철저히 맞물려 있다. 우리가 살아가고 있는 오늘날의 시장을 해석하기 위해서는 먼저 역사를 알아야 한다. 역사는 세상이 어떻게 작동하고 어떤 선택이 최선인지 파악하는 데 필요한 기본 정보다. 단, 역사 속에서 일어난 사건 자체를 기계적으로 공부하라는 의미는 아니다. 투자자라면 반드시 시장에서 일어난 사건 뒤에 숨겨진 인간의 생각과 행동 기제를 살필 줄 알아야 한다.

흔히 사람들은 '현재' 중심으로 이야기하기를 좋아한다. 전 세계의 많은 투자자와 언론이 아마존과 구글, 애플의 위대함을 말한다. 앞으로도 그들이 저 높은 곳에서 내려올 일이 결코 없을 것처럼 말이다. 그러나 15년 후에도 그들이 건재할까?

역사 속에서 찬란한 제국을 일으켰던 오스만, 로마, 영국… 그들이 어떤 결말을 맞이했는지 모르는 사람은 없을 것이다. 그들은 무서운 기세로 권력을 확장하고 세상을 지배하면서 다른 누구보다 자신들을 똑똑하고 뛰어난 민족이라 여겼다. 자신들이 절대로 실수하지 않을 것이라고 생각했고 실수를 저질러도 강력한 권력으로 곧 바로잡을 수 있다고 생각했다. 그러면서 재정적으로, 군사적으로, 지정학적으로 자신들의 세력을 무분별하게 넓혔다. 그러던 어느 날 그들은 전혀 예상하지 못했던 미래를 맞이했고, 역사 속으로 스러져갔다.

오늘날 글로벌 시장을 지배하는 공룡으로 거듭난 기업들은, 전 세계 100여 개 국가에 군대를 주둔시킨 미국은 한때 세계를 지배한 제국들이 어떠한 대가를 치렀는지 기억해야 한다. 역사는 '변하지 않는 것은 없다', '영원한 것은 없다'는 사실을 끊임없이 상기시킨다. 내가 늘 역사로부터 자극을 받는 것도 그런 이유 때문이다.

역사가 진행되는
현장에 답이 있다

역사 속에서 가르침을 발견하면 언제나 나는 그 가르침을 따라 움직이기 시작한다. 그 과정에서 '직접 눈으로 세상을 보고 들은 경험'을 쌓게 되는데, 이는 투자자로서 누구에게도 없는 나만의 강력한 성공 요인이라고 자부한다. 서른일곱 살에 월스트리트를 떠났고 10년이 지난 1990년 초에 나는 모터바이크를 타고서 세계를 일주했다. 2년간 6개 대륙, 52개 나라를 넘나들며 무려 6만 5,000마일(약 10만 4,607킬로미터)을 달린 장대한 여정이었다. 또 1999년부터 3년간에 걸쳐 특수 제작한 차를 타고 116개국 15만 2,000마일(약 24만 4,620킬로미터)을 다시 달렸다. 내가 딛고 선 세상의 곳곳을 직접 부딪쳐본 경험을 통해 실로 많은 것을 깨달았다. 세상에서 일어나고 있는 역사적인 순간들을 누구보다 먼저 접하고 이해함으로써 책상에 앉아서는 절대 발견할 수 없었을 투자 원석을 찾아내기도 했다.

짐 로저스의 세계일주 이동경로

중국, 베트남, 베네수엘라, 아르헨티나, 보츠와나, 오스트리아… 내가 투자한 나라들을 열거하면 사람은 늘 고개를 갸우뚱거렸다. 그들은 내가 투자하는 '진짜' 배경을 궁금해하지 않았다. 그저 "그런 (열악한) 나라에 왜 투자를 하죠?"라며 나를 한낱 괴짜 투자자로 여길 뿐이었다. 나는 그들에게 내가 국경을 넘나들며 체감한 변화의 신호들을, 단순하고 평범하지만 살아 숨 쉬는 생생한 정보들을 설명하려 했지만, 그들의 머릿속에 박힌 고정관념을 깰 순 없었다.

지금 당장 비행기에 몸을 싣고 날아가 오늘날 전 세계에서 벌어지고 있는 사건·사고 현장에 뛰어들어 속사정을 꿰뚫어 보는 경험을 해본다면 누구라도 잠자고 있는 시장을 얼마든지 발견할 수 있다. 이것은 타고난 투자 재능이 있어야만 가능한 것이 아니다. 그보다 남다른 경험에서 생겨나는 후천적 투자 감각이라 할 수 있다.

내가 늘 강조하듯 답은 언제나 현장에 있다. 사건이 벌어지고 있는 현장에 찾아가 외부를 감싸고 있는 껍질 속에 숨은 전혀 다른 속살을 직접 들여다봐야 한다. 물가, 화폐, 시장, 도로, 호텔, 교통, 통신… 뉴스나 책에서 접하는 피상적인 인식에 가려 미처 보지 못한 것들을, 진짜 역사가 흐르고 있는 현장의 움직임을 목격해야 한다.

나는 두 번의 세계여행을 통해 세상에 대한 편견을 바로잡을 수 있었다. 그 여정은 세상에 대한 통념을 완전히 뒤집고, 진짜 세상을 가

려버린 허상을 깨뜨리는 계기가 되었다. 그런 덕분에 기존의 투자자들과는 다른 길을 걷는 투자자가 될 수 있었다. 그리고 나는 일흔일곱의 나이인 지금도 여전히 현장을 찾아가 내가 보고 들은 바를 통해 투자에 필요한 통찰을 얻는다. 이것이 나의 투자 성공 요인임은 부정할 수 없는 사실이다. 남들과 다른 시각으로 세상을 바라보는 것. 그것이 곧 위기 속에서도 기회를 포착하는 가장 빠르고도 확실한 길이라고 단언한다.

내가 지금 한반도에
와 있는 이유

사람들이 나에게 던지는 질문은 한결같다. "어떤 종목에 투자하고 있는가?", "앞으로 몇 개월 이내에 급등할 종목은 무엇인가?" 사람들은 언제나 쉽고 빠르게 수익을 얻을 수 있는 투자 정보를 얻으려 할 뿐이다. 자신이 투자하고자 하는 대상을 직접 조사하고 분석하려는 생각은 일찌감치 포기한 것처럼 말이다. 그런 사람들에게 투자에 대한 철학이나 세상의 가치를 판단하는 기준 같은 것은 의미없는 수사에 불과할 뿐이다.

만약 내가 한반도 투자에 대한 조언을 구하는 사람들에게 "북한 동쪽 해안가에 리조트 사업을 추진할 수 있는 기업을 주목하십시오."라고 답했을 때 실제 투자를 한 사람 중 몇 명이나 수익을 얻을 수 있을까? 또 지금 한반도 시장에 와 있는 투자자는 몇이나 될까?

20년 전, 세계일주 중에 내가 한국에 들른 이유가 있다. (물론 북한도 궁금했으나 여행 자체가 불법이었고, 2007년에야 비로소 북한에 가볼 수 있었다.) 세계 유일의 분단국가이자 남북이 각각 다른 체제 속에서 살아가면서 전혀 다른 역사를 만들어가고 있는 한반도가 흥미로웠기 때문이다. 분단 후 남·북한은 서로의 정치적 상황에 맞물려 교류와 단절의 역사를 반복해왔다. 지금도 남과 북 그리고 그 주변의 중국, 미국, 러시아, 일본 등이 벌이는 힘의 줄다리기는 계속되고 있다. 단순히 지정학적 환경으로 볼 때 한반도를 매력적인 투자시장으로 보기는 어려운 것도 사실이다. 하지만 누구나 말하고 생각할 수 있는 방식으로 판단하면 결코 새로운 시장을 발견할 수 없다.

전 세계가 '언제든 전쟁이 일어날 수 있는 위기의 땅'이라 여기는 한국과 북한을 각각 찾아가 내 두 눈으로 그들의 속사정을 들여다봤다. 내가 본 한반도의 사람들은 결국 하나일 수밖에 없었다. 그리고 '결국 통일이 이뤄질 것'이라는 확신을 가졌다. 나는 일찍이 21세기에는 아시아에 투자해야 한다고 말해왔고, 중국을 필두로 극동지역의 급부상을 예견하는 투자 지형을 그려왔다. 내가 그리는 투자 지형도에서 한반도는 마지막 퍼즐 같은 존재였다. 정치적으로 불안정하다는 이유로 누구도 주목하지 않았던 이곳에서 느껴지는 엄청난 잠재력이 새로운 바람을 일으키고 있다. 그리고 나는 앞으로 한반도가 역사 속에 그려나갈 순간들을 한 사람의 투자자로서 기쁜 마음으로 기다리고 있다.

다른 사람의 말은
모두 틀렸다

Q 퀀텀펀드는 1973년 당시 누구도 상상하지 못한 방식으로 전 세계 곳곳에서 새롭고 흥미로운 시장을 발견할 뿐만 아니라 4,200%라는 신화적인 수익률을 기록한 것으로 유명하다. 특히 전 세계의 주식, 외환, 상품, 통화 및 채권을 사들이면서 투자은행이 취할 수 있는 기존의 방식을 과감하게 뒤집어버렸다. 공매도short selling (특정 종목의 주가가 하락할 것으로 예상되면 해당 주식을 보유하지 않은 상태에서 증권사로부터 주식을 빌려 매도 주문을 내는 투자전략)와 같은 혁신적인 전략을 가장 먼저 취하는가 하면, 모두가 공수표라고 여겼던 파

산 직전의 록히드마틴의 2달러짜리 주식을 헐값에 사들여 엄청난 이익을 남긴 일화도 인상적이다. 누구나 리스크라고 생각할 만한 요인을 가진 종목에 과감하게 뛰어드는 투자의 비결은 무엇인가?

A 나의 투자 원칙 중 하나는 자신이 이해할 수 없는 것에 절대 투자해선 안 된다는 것이다. 오로지 자신이 발견한 변화의 징후와 자신이 알고 있는 정보에 집중해야 한다. 가장 좋은 방법은 내 눈으로 현장을 확인하고, 직접 부딪쳐 얻은 정보를 통해 그 투자가 합당한지 의심에 의심을 거듭해 묻고 따지면서 판단하는 것이다. 투자는 다른 누구의 말도 아닌 자신만의 판단을 믿고 가야 한다. 그렇기 때문에 나는 사람들이 '특정 종목'을 물어볼 때마다 섣불리 말할 수 없고, 말하고 싶지 않은 것이다.

나는 사람들이 원하는 쉬운 답을 주는 대신, "평생 투자의 기회가 단 스물다섯 번만 있다고 생각하고 투자를 결정하라."고 말해준다. 자신에게 주어진 몇 안 되는 투자의 기회를 떠올리며 신중에 신중을 기해 곱씹어 생각하라는 의미다. 그러면 아무리 잘나가는 전문가나 믿음직한 경제 매체의 제안일지라도, 심지어 내가 무엇을 사라고 직접 말해줘도 "이것이 옳다. 확실하다!"는 확신이 들기 전까지 절대 섣불리 투자하지 않게 될 것이다.

만약 투자에 성공하고 싶다면 내 말도, 다른 사람의 말도 모두 틀렸다고 생각하라. 자신이 확실히 아는 분야를 파고들어 자신을 이해시킬 수 있는 용어로 생각하고, 빠른 시일 내에 다가올 일에 대해 생각해야 한다. 만약 그런 과정을 통해 판단을 하게 된다면 월스트리트를 떠나 세상의 누구보다도 적절한 매도 시점을 깨닫게 될 것이다.

퀀텀펀드가
'퀀텀 실적'을 낸 비결

내가 조지 소로스와 함께 젊은 시절의 열정을 불태웠던 퀀텀펀드는 헤지펀드다. 투자자치고 헤지펀드에 대해 들어보지 않은 사람은 없지만, 정확하게 헤지펀드를 설명할 수 있는 사람은 드물다.

1949년에 최초로 등장한 헤지펀드를 만든 사람은 사회학자이자 저널리스트인 알프레드 윈슬로 존스Alfred Winslow Jones다. 그는 시장에서 저평가된 주식은 매수long position하고, 반대로 고평가된 주식은 매도short position하는 방식으로 펀드를 운용했다. 롱쇼트 전략이라고 부르는 이러한 방식은 투자위험을 감소시켜 시장의 변동과 무관하게 수익을 창출하는 것을 목적으로 삼는다. 존스는 이 같은 방식으로 1950년대와 1960년대에 큰 성공을 거두었다.

1966년, 〈포춘〉에서 존스가 사용한 투자기법의 펀드를 가리켜 '헤지펀드'라 최초로 명명했다. '헤지'_{hedge}는 원래 '울타리'나 '담'을 뜻하는 단어인데, '위험을 피하다'는 의미로도 쓰인다. 즉 '울타리를 쳐 (자산을) 안전하게 유지하면서 위험에도 수익을 내는 펀드'를 말한다.

쉽게 말해 헤지펀드는 시장이 나쁜 상황 속에서도 절대수익을 올리는 것을 목표로 운영되는 펀드다. 이에 비해 일반 펀드는 시장의 흐름에 따라 상대적으로 높은 수익률을 추구한다. 1973년에 설립된 퀀텀펀드는 존스가 운용한 헤지펀드의 방식과 구조를 그대로 활용했고, 그 전략은 오늘날에도 헤지펀드의 가장 대표적인 투자전략으로 활용된다. 또한 헤지펀드는 투자대상과 자산운용에 제한을 두지 않는다. 앞서도 말했듯 투자대상은 주식과 채권은 물론 통화, 일반 상품, 부동산, 파생상품에 이르기까지 다양하다. 원칙적으로 투자지역에도 제한이 없다.

헤지펀드와 대비되는 방식으로 운용되는 뮤추얼펀드라는 것이 있다. 헤지펀드가 거액의 자금을 가진 소수의 투자자들이 투기적으로 운용하는 펀드라면, 뮤추얼펀드는 소액의 자금을 가진 다수의 투자자들이 안정적인 운용을 하는 펀드를 말한다. 두 펀드 사이의 가장 큰 차이점은 공매도 여부다. 헤지펀드는 공매도가 가능하지만, 뮤추얼펀드는 주식을 사는 것만 가능하다. 즉 뮤추얼펀드는 주식에 대해 항상 롱 포지션만 잡을 수 있다. 또한 헤지펀드는 신용 매수를 할 수 있지만, 뮤추얼펀드는 신용 매수를 하지 못한다. 또 원하는 대로 보수를 받을 수 있는 헤지펀드의 특성 덕분에 퀀텀펀드는 성과 보수로 발생이익의 20%를 받았고, 운용 보수로는 뮤추얼펀드의 2배 수준인 연 1%를 받았다. 반면 뮤추얼펀드는 성과 보수를 받지 못한다.

내 성향은 헤지펀드
그래서 소로스와 인연

나는 옥스퍼드대학 재학 시절부터 국제 투자에 관심이 많았다. 또 1968년에 군복무를 마친 나는 덴마크 크로네화 투자를 검토하기도 했다. 이때부터 세계가 돌아가는 상황을 눈여겨보았다. 어쩌면 내 성향은 원래부터 헤지펀드와 잘 맞았던 것인지도 모른다.

그러나 당시 미국 사람들은 뉴욕증권거래소에 상장된 주식만 쳐다볼 뿐, 외국으로 눈을 돌리려 하지 않았다. 그 배경에는 제도적인 장벽이 존재했다. 1963년에 미국 정부는 미국에 거주하는 사람들의 해외 투자를 막기 위해 세금을 부과하는 정책을 펼쳤다. 만약 외국 주식 100달러어치를 사면 15달러를 이자평형세(미국 내의 외국 증권 구입자에게 매기는 누진세)로 받는 식이었다. 이 제도가 시행되면서 외국에 투자하는 미국인이 급격히 줄었다. 그 덕분에 세계 경제가 호황을 구가하는 시기에도 대다수 미국인들은 구경만 할 수밖에 없었다. 그러던 중에 나는 한 모임에서 크로네화 투자 건을 제안했는데, 당시에 내 말을 이해하는 사람들은 거의 없었다. 똑똑하고 노련하다는 사람들 조차 모두 멍한 표정이었다.

당시 월스트리트에 국제 투자 전문회사는 단 두 곳뿐이었다. 그중 하나가 나와 조지 소로스를 만나게 해준 안홀드 앤드 블라이흐뢰더 Arnhold and S. Bleichroeder 였다(나머지 하나는 카를 막스 앤드 코Carl Marks&Co. 였다). 투자에 대한 생각이 같았던 나와 소로스는 이윽고 퀀텀펀드를 세워 금융시장에서 할 수 있는 것이라면 가리지 않고 다 했다. 다른 투자자들이 하지 않거나 하지 못하는 일에도 우리는 거침이 없었다. 세계 어디든 기회가 보이면 투자했다. 주식, 채권, 통화, 상품에 투자 했고 공매도와 차입도 했다. 역사, 지리, 전통, 부조리 등 어느 것에도 속박되지 않았다.

강한 확신 뒤에
철저한 조사와 확인만 있을 뿐

퀀텀펀드에서 일할 당시 내가 세상을 놀라게 만든 투자 사례가 바로 록히드마틴이다. 록히드마틴은 보잉Boeing과의 경쟁에서 참패한 후 무리한 확장을 꾀하다 파산 지경에 이른 상태였고 주식 가치는 2달러로 곤두박질쳤다. 어느 누구도 2달러짜리 록히드마틴의 주식을 사는 것은 비상식적이라 여길 만했다. 하지만 나는 베트남 전쟁 이후 첨단 전자전을 위해 미국 의회에서 더 많은 국방비를 지출할 것이라는 예측을 토대로, 방위산업체들의 동향을 직접 조사하고 있었다. 실제로 나의 예측은 상당 부분 맞아떨어졌다. 내 눈으로 확인을 한 이상 록히드마틴과 노스롭Northrop과 같은 방위·항공사 주식에 투자하는 것이 당연했다.

그런가 하면 스물여덟 살이었던 1970년에 경험한 공매도 투자 실패 덕분에 나는 리스크를 뛰어넘는 투자에도 거리낌 없이 뛰어들 수 있었다. 그 무렵 시장에 첫발을 내딛은 미숙한 투자자였던 나는 누구보다 열심히 자료조사를 한 후 시장의 변동을 예측해 풋옵션put option (특정 날짜에 특정 가격으로 주식을 매도할 수 있는 선택권을 의미하며, 주가가 하락할 때 사용할 수 있는 투자기법)을 사들였다. 이후 시장은 바닥을 쳤고, 원금의 3배가 되는 수익을 남길 수 있었다. 문제는 수익 전부를 공매도에 썼다는 것이다.

내가 예상했던 흐름과는 다른 전개가 펼쳐지면서 나의 투자는 결국 거대한 실패로 이어졌다. 기적 같은 변화가 생기지 않는 이상 신용거래로 받은 계좌는 깡통이 될 것이 뻔했다. 당시 증권사의 중개인은 내게 더 늦기 전에 포지션을 뒤집어야 한다고 조언했다. 대부분의 중개인은 투자에 실패할 경우 소송에 휘말리는 것을 피하기 위해 분산 투자를 권한다. 분산투자를 한다면 무일푼이 될 일은 없겠지만 큰돈을 벌 일도 없다. 결국 나는 투자금을 모두 잃고 말았다.

그런데 2~3년 후에 내 분석과 예측이 맞았다는 것이 증명되었다. 결국 시장이 본래의 리듬대로 돌아와 내가 예상했던 전개가 펼쳐지기 시작했다. 만약 당시에 누구도 예측할 수 없는 위기를 버텨낼 자금이 있었더라면 결국 내 예상이 맞았다는 기쁨과 충분한 보상을 누렸을 것이다. 하지만 나는 그때의 실패를 통해 더 값진 교훈을 얻었다. 큰돈을 벌고 싶다면 여기저기 기웃거리지 말고 잘 아는 분야에 머물면서 집중적으로 투자해야 한다는 것이다. 다른 누구의 조언보다 스스로의 판단을 믿을 수 있어야 하고, 그 판단이 옳다는 확신을 가지려면 철두철미한 조사가 뒷받침되어야 한다.

호재를 얻으려면
아무것도 하지 마라

Q 사고파는 적절한 투자 타이밍을 판단하는 일은 누구에게나 어려운 일이다. 잠재력 있는, 좋은 투자 종목을 골라내 샀다고 하더라도 언제 팔아야 하느냐에서 희비가 엇갈리는 경우가 많다. 그래서 투자에 대한 이야기 중 인상 깊었던 조언은 바로 '인내심'에 관한 부분이었다. "투자에 관해 누구나 배울 수 있는 가장 쉽고 좋은 교훈은 '아무것도 하지 않아야 한다는 것'이다. 당신이 뭔가 해야 하는 일이 생기는 순간까지, 말 그대로 아무것도 하지 말아야 한다." 이 말에 대해 조금 더 구체적이고 자세한 사례나 설명을 해줄 수 있는가?

A 투자를 해본 사람이라면 돈을 몇 배로 불려본 경험이 한번쯤 있을 것이다. 그때가 가장 위험한 순간이다. 대부분의 사람이 갑자기 불어난 돈에 취해 투자가 아주 쉬운 것이라고 착각하기 때문이다. 돈이 불어난 만큼 투자하고 다시 팔기를 반복하기도 한다. 하지만 이때야말로 투자에 취약해지기 가장 쉬운 시기다.

내 경험을 들려주자면 앞서 잠시 언급했는데, 투자자로서 이제 막 발걸음을 떼기 시작할 무렵인 1970년에 공격적인 공매도를 시도하다가 파산한 적이 있다. 당시 나는 일명 '고고시대'go-go year(급진적인 개발·발전이 이뤄지는 기업과 경제 상태를 묘사하는 용어)라 불리며 활황세를 누리던 1960년대의 주식시장이 1968년부터 나타난 약세장의 흐름과 함께 곧 무너질 것이라고 예상했다.

당시 철저한 조사를 통해 시장의 하락세를 예상한 나는 공매도를 시도했다. 실제로 5개월 후 시장에 혼란이 찾아왔다. 1973년 1월 다우지수는 사상 최고치인 1051.70을 기록했지만, 오일쇼크와 워터게이트의 영향으로 주가는 45%가량 하락세를 보이면서 급격히 바닥을 치기 시작했다. 1938년 이후 유례없는 주식시장 대폭락이 발발한 것이다. 하지만 주변의 모든 사람이 파산하는 동안 나는 많은 돈을 벌었다. 무려 원금의 3배를 벌었다. 나는 "이거 너무 쉬운데? 금방 부자가 될 수 있겠어. 이렇게 쉬운 게임일 줄이야!" 하고 으쓱거렸다.

주식시장이 최저점을 찍은 날, 나는 가지고 있던 모든 풋옵션을 행사했다. 그렇게 벌어들인 돈으로 다시 풋옵션을 사는 대신, 나는 공매도를 선택했다. 주식이 한번 크게 붕괴되면 일련의 주가 랠리가 이어진다는 것을 알고 있었기 때문이다. 6개의 회사를 사들였고, 정확히 두 달 후 나는 모든 돈을 날리고 파산하고 말았다. 주가가 다시 내려갈 때까지 버티는 데 들였어야 하는 자금이 바닥나버린 것이다. 나는 공매도 포지션을 털 수밖에 없었다.

내가 오만했던 것일까? 잘못된 판단을 했던 것일까? 결론을 말하자면, 나의 오만이나 오판 때문이 아니었다. 이후 2~3년 사이 내 예상대로 6개 기업은 도산했다. 하나도 남김없이 망했다. 주식의 흐름은 정확히 간파해냈지만 시장을 완전히 이해하지 못해 겪은 실패였다. 너무 똑똑했지만 현실의 유동성을 몰라서 실패한 것이었다. 당시의 실패를 통해 시장에 대한 나의 무지를 깨달았다.

나는 내게 조언을 구하는 투자자들에게 실패의 중요성에 대해 강조한다. 적은 자본금으로 투자하는 초창기일수록 크고 작은 실패들을 경험해보는 것이 좋다. 투자에 실패해 잃는 것이 적기 때문에 회복하는 데 소요되는 시간과 부담 또한 줄어든다. 무엇보다 실패를 경험해야만 자신이 무엇을 놓치고 있는지를 절실히 알게 된다.

시장이 어려워질수록
인내심이 전부다

나는 실패의 경험을 통해 '타이밍'을 읽어내는 데 필요한 미덕이 무엇인지 깨달았다. 시장을 공부하고 조사하는 것은 기본이다. 진정 필요한 것은 '인내심'이다. 사고파는 타이밍을 알고 싶은가? 인내심을 가지고 묵묵히 시장의 흐름을 예의주시하며 어떤 변화가 일어나고 있는지 확인해야 한다. 그런 과정 없이 시장이나 종목에 생길 호재를 파악하는 능력이나 기술은 없다. 오로지 자신이 확신할 수 있는 타이밍을 포착할 때까지 흔들림 없이 버텨내는 인내심을 가진 투자자만이 타이밍을 읽어낼 수 있다.

2008년 글로벌 금융위기를 겪은 이후 금융시장은 엄격한 규제를 받게 되었고, 운영하기 어려운 산업이 되었다. 나는 금융 산업이 향후 10년, 길게는 20~30년에 걸쳐 끔찍한 상황에 놓이게 될 거라고 강조하고 있다. 실제로 전 세계적으로 점점 더 많은 금융회사가 합병에 들어가거나 사람들을 해고하고 있으며, 정부는 금융 산업 전반에 세금 인상을 추진하고 보다 엄격한 규제를 부과하는 추세다.

불마켓bull market(장기간에 걸친 주가상승이나 대세 상승장)이 역사상 비교적 긴 기간 이어지고 있지만 머지않아 베어마켓bear market(주가가 하락하는 약세장)이 형성될 것이다. 1985년부터 최근에 이르기까지 주

최근 30년 다우존스 산업평균 지수(DJIA)

출처: 매크로트렌드macrotrends.net

식시장이 상승세를 누린 시기 위주로 살펴보면 특징적인 흐름이 보인다. 1987년, 2001년, 2007년 4분기가 대표적인데, 그 시기에 다우존스 지수가 최고점을 찍고서 이후 2~3년에 걸쳐 주식이 붕괴되는 현상이 반복적으로 일어났다. 약 10년간 이어져온 상승률이 최고점을 찍은 직후 급격히 무너지는 시기가 여럿 있었고, 각 붕괴 시기마다 주식이 36%, 38%, 54%가량 떨어졌다. 과거의 이런 흐름으로 봤을 때 현재의 주가 곡선이 언제 꺾인다고 해도 이상하지 않은 상황이다. 심지어 불마켓이 지속되는 평균 기한을 훌쩍 넘겼다고 봐야 한다. 지금과 같이 거품이 끼고 있는 상황이 지속될수록 우리가 맞게 될 위기 규모는 더욱 커질 것이다.

주식시장에 오랜 침체기가 찾아오면 투자자들이 예측하기 어려운 상황이 전개되기 시작할 것이고, 그럴수록 더더욱 장기적인 관점과 호기심, 많은 인내심이 필요해진다. 그러나 위기 속에 분명 기회가 있다는 말처럼, 차분히 기다리며 기회의 순간을 포착하는 사람만이 최후에 웃게 될 것이다. 나는 모두가 어려운 상황을 점치며 비관적인 경제 예상을 내놓을 때 늘 새로운 시장을 제시해왔다. 그런 만큼 내가 새로운 기회의 땅이라고 판단한 한반도가 위기를 극복하는 최고의 기회가 되리라는 것을 믿어 의심치 않는다.

질문이 없는 투자는
반드시 패한다

Q 지금까지 당신이 말한 원칙을 관통하는 문장 하나가 떠오른
다. "스스로를 믿는 순간 어떻게 살아가야 할지 깨닫게 된
다."As soon as you trust yourself, you will know how to live 괴테의《파우스트》속
한 구절인데, 당신의 모든 원칙이 궁극적으로 '다른 누구의 말보다 자
신이 보고 들은 경험이 있어야, 무엇에 어떻게 투자할 것인지 알게 된
다'는 의미와 일맥상통하는 것 같다. 투자자로 살아온 자신을 되돌아
봤을 때, 늘 남다른 판단력으로 한발 앞서가며 누구와도 같은 길을 가
지 않을 수 있었던 비결은 무엇인가?

A 시장의 변화는 언제나 불가피하다. 늘 강조하지만, 절대로 다수가 생각하는 방식에 의존하거나 기대면 안 된다. 자신이 나서서 직접 조사하고 공부해야 한다. 현재 내가 아는 것이 10~15년 후에는 모두 휴지조각이 되어버리고 말 것이다. 즉 지금 맞다고 생각한 방식이 언제든 틀릴 수 있다는 의미다.

나는 다수의 생각이 대부분 틀린 경우가 많다는 것을 경험상 알고 있다. 단순히 내가 맞고 그들이 틀렸다는 의미가 아니다. 역사적으로 봤을 때 대부분의 사실이 그런 오류를 품고 있다. 만약 사람들이 "하늘은 파란색이다."라고 하면, 모두가 그것을 사실인 것으로 알고 수용한다. 창문을 열어 하늘을 직접 확인하거나 "내일도 하늘은 여전히 파란색일까?"라고 의심하며 되묻는 사람은 거의 없다. 신문이나 TV에서 말하는 이야기들에 대해 의구심을 갖는 사람이 많지 않다는 의미다. 마치 벌거벗은 임금님의 이야기처럼 말이다.

하지만 지금 우리가 사실이라 여기는 모든 것은 언젠가 변한다. 내일이든 1년 후든 10년 후든 언제든 내 생각조차도 틀릴 수 있다. 그리고 10~15년 후에는 모든 것이 변해 있을 것이다. 나는 우리가 무엇에 호기심을 갖든, 늘 의심하고 질문해야 한다고 생각한다.

투자자로 성공하고 싶다면
MBA보다 현장에 뛰어들어라

단언컨대 지금의 나, 투자자 짐 로저스를 있게 한 것 중 8할은 교육이었다. 나는 앨라배마의 한 작은 마을에서 성장했으며, 우연인 듯 운명처럼 예일대에 진학하게 됐고 옥스퍼드에서 공부를 이어갈 수 있었다. 아이비리그에서 역사와 철학, 정치, 경제학을 공부하면서 세상을 새롭게 바라보는 눈을 갖게 됐다. 그리고 지금껏 내가 경험한 세계보다 더 넓은 세계를 경험해야 한다는 갈증을 느끼게 되었다.

나는 교육과 공부의 중요성을 누구보다 강조하지만, 학벌에는 큰 의미가 없다고 생각하는 입장이다. 과거와 달리 이제는 인터넷을 활용해 얼마든지 교육의 문턱을 낮추고 보다 많은 사람에게 최고의 교육을 제공할 수 있다. 내가 강조하고 싶은 것은 공부하는 자세가 필요하다는 점이다. 과거를 공부하고 지식을 쌓으면 매 순간 바뀌는 모든 변화에 대해 두려워하기보다 어떤 흐름이 이어지고 내가 무엇을 해야 하는지 알게 된다. 나는 역사를 통해 세상의 원리를 익혔고 철학을 통해 생각하고 질문하는 법을 배웠다. 언제나 질문하는 습관을 살려 시기적절한 투자 판단을 해왔고 지금도 여전히 질문을 멈추지 않고 있다.

1987년 컬럼비아대학 경영대학원에서 강의를 했을 때도 이러한 원칙을 고수했다. 이론을 가르쳐주기보다는 학생들이 실제 현장과 같은 시뮬레이션을 경험하도록 이끌었다. 특히 시장 주기를 파악하고 시장의 가격이 오르내리는 데 영향을 주는 모든 것을 파악하도록 했다. '왜 면화 제품이 1860~1865년에 붐이 일었는가?', '왜 1856년에 철도가 주식시장에서 이슈였는가?', '왜 1970년대에 콩이 시장을 들썩이게 만들었는가?'부터 '투자 분석가로서 어떤 회사를 매매할 것이며, 공매도할 것인가 풋옵션 전략을 취할 것인가?'까지 모든 사례를 활용해 과거를 공부하고 현상에 대해 질문하도록 했다.

심지어 MBA 강의 중 하나를 맡아 가르치면서 학생들에게 "MBA를 선택한다는 것은 시간과 돈 낭비라고 생각한다. 차라리 세계를 여행하고 다른 나라를 알아가며 현장에서 일해보는 것이 훨씬 낫다."고 조언하기도 했다. 그런 조언을 하는 데는 이유가 있었다. 1964년 월스트리트의 초보투자자로 막 진출했을 당시만 해도 나는 주식과 채권도 구분하지 못했다. 그 무렵 투자회사인 도미닉 앤드 도미닉Dominick&Dominick Inc. 조사부에서 근무했는데 시장 분석에 필요한 자료를 수집하면서 실제 시장에서 거래가 일어나는 과정을 생생하게 지켜볼 수 있었다. 그리고 학교에서 공부한 지식들이 실제 현장에서 가치를 발휘하는 순간을 경험했다. 이처럼 학교에서 배운 지식을 실제 현장에서 경험하는 것이 가장 쉽고 빠르게 시장의 흐름을 간파하는 방법이자 남다른 투자 감각을 키우는 핵심이라고 생각한다.

진흙 속에 파묻힌
진주를 발견하는 눈

내가 만약 월스트리트의 고층빌딩 사무실에서 근무하면서 고급 가죽의자에 앉아 자료만 들여다봤다면 전 세계에 걸쳐 새로운 시장을 개척하고 투자하는 일은 없었을 것이다. 1991년에 나는 첫 번째 세계여행 중에 아프리카를 다녀온 후 보츠와나에 투자를 시작했다. 세상 사람들이 가장 의아하게 생각한 투자 중 하나였다. 실제로 대부분의 경제학자나 시장전략가strategist 라면 전혀 고려하지 않았을 투자처였다.

세계여행을 할 당시 나는 보츠와나의 국경을 통과하면서 색다른 경험을 하게 됐다. 한 나라의 국경을 가보면 그 나라의 행정과 경제생활의 민낯을 분명하게 마주할 수 있다. 그런데 보츠와나 국경에서는 아프리카의 다른 여느 국가들과는 달리 뇌물을 요구하는 식의 어떠한 분란도 없이 통관 절차가 매우 효율적으로 이루어지고 있었다. 환전 암시장 역시 찾아볼 수 없었다. 대체로 암시장의 거래 환율과 공식 환율에 차이가 있는 국가는 통화 문제를 겪고 있기 마련이지만 보츠와나는 이에 해당되지 않는 것 같았다.

나는 본격적으로 보츠와나라는 국가를 살펴보기 시작했다. 국토가 매우 넓고(한반도의 2.6배 크기) 인구는 적으며(200만 명) 다른 국가들보다 무역흑자 규모가 크고, 재정 상태가 건전했다. 세계 최대 규모의 다이아몬드 광산을 보유하고 있으며, 선거제도가 잘 정착되어 있을 만큼 민주주의와 함께 법치가 잘 이뤄지고 있고 빠른 성장세를 보이는 국가였다. 다양한 펀더멘탈이 매우 긍정적인 지표를 보여주고 있어 당시로서는 보기 드문, 가장 두드러진 증시 중 하나라고 판단했다.

나는 보츠와나 증권거래소에 등록된 투자 종목 7개를 모두 사들인 후 2007~2008년에 걸쳐 투자분을 계속해서 재투자했다. 이후 전 세계 신흥시장에 대한 투자가 과열될 것이라 판단해 모든 주식을 팔았다. 당시 2만 명에 이르는 MBA 출신의 펀드 투자자들이 유망 신흥시장을 찾아 세계 곳곳을 누비고 있었기 때문이다. 이로써 나는 남들보다 한발 앞서 보츠와나에 투자를 했던 18년 동안 막대한 이익을 남겼고, 투자를 시작할 때와 마찬가지로 남들보다 먼저 빠져나왔다.

사람들은 아무도 주목하지 않는 시장을 발견하는 내게 특별한(혹은 내밀한) 투자 정보가 있을 거라고 여긴다. 몇 번을 거듭해 강조하지만 나에게 그런 특별한 정보는 없다. 내게 주어진 정보나 통념에 기대어 판단하기보다 내가 직접 몸으로 부딪혀 경험하고 공부해서 얻은 나름의 통찰을 믿고 투자할 뿐이다. 나는 이것이야말로 지극히 평범하지만 매우 특별한 투자 비법이라고 말하고 싶다.

열정을 느끼는 일에
돈은 반드시 따라온다

Q 벌써 55년이라는 시간을 투자자로서 살아왔다. 투자에 대한 통찰과 조언을 던질 때 당신의 모습은 이제 막 월스트리트에서의 커리어를 시작하는, 열정과 패기 넘치는 투자자의 모습을 그대로 간직하고 있는 느낌이다. 이미 충분히 많은 부와 명예도 가졌다. 평소 가족, 특히 딸들과 많은 시간을 보내고 싶다는 바람을 자주 언급하곤 하는데, 조금은 편안하고 안락한 삶을 택할 수도 있지 않을까 하는 생각이 든다. 여전히 도전적이고 모험적인 삶을 택하는 것이 '짐 로저스답다'고 생각하고 있는 것은 아닌지 궁금하다.

A 1964년 나는 월스트리트의 사람들에게 완전히 반하고 말았
다. 그들에게서 세상의 흐름을 알아내려는 열정을 엿볼 수
있었기 때문이다. 월스트리트에서 일할 당시 나를 흥분하게 만들었
던 것은 단순히 숫자로 계산하는 일이 아니라 끊임없이 바뀌는 세상
의 복잡하고 다양한 경우의 수가 던지는 시험을 풀어야 하는 일을 한
다는 점이었다. 월스트리트를 떠난 지금도 여전히 세상의 흐름과 맞
물려 매일 다른 모습을 보여주는 시장을 관찰하고 분석하며 해석해
서 새로운 사실을 발견하는 일이 가장 즐겁다.

퀀텀펀드를 설립하고서 내가 했던 일은 당시 전 세계에 걸쳐 포진
해 있는 수많은 자산을 분석해 각각의 롱 포지션과 숏 포지션을 구축
하는 일이었다. 당시로서는 매우 소수의 투자자만이 해낼 만큼 무척
까다롭고 도전하기 어려운 일이었다. 하지만 바로 그런 점이 오히려
나를 더 설레게 만들었다. '내가 할 수 있는 일'이라는 사실에 나는 멈
추지 않을 수 있는 힘을 얻은 것 같았다. 모두가 알고 있듯이 퀀텀펀드
에서 이뤄낸 4,200%라는 수익률은 당시 S&P500 지수 상승률인 47%
와는 견줄 수 없을 만큼 압도적인 수치다. 이는 타고난 감각, 말하자면
남다른 투자 감각을 발휘해서 얻었다기보다 열정을 다해 투자를 즐겼
기에 가능했던 일이다.

내가 만약 서른일곱 살에 월스트리트를 떠나 은퇴하고서 세계일주

를 하지 않았더라면? 내가 만약 중국과 북한, 아프리카, 브라질, 오스트리아를 직접 가보지 않았더라면? 내가 만약 싱가포르로 이주하지 않았더라면? 내가 여전히 뉴욕에 남아 있었더라면? 지금의 나와는 다른 사람이 되었을지 모른다. 아마도 나는 오늘날 세상에 알려진 짐 로저스가 아니라 월스트리트의 그저 그런 투자자가 되어 살아가고 있을 것이다(물론 그런 선택을 할 리는 결코 없었겠지만 말이다).

당신에게 '맞는' 곳에 있다면
돈이 당신을 찾을 것이다

내가 만약 돈을 벌기 위해 일했다면 결코 오늘날 가지고 있는 자산만큼의 부를 쌓지 못했을 것이다. 나는 월스트리트에서 일하면서 일주일에 10개 도시를 돌며 10개 기업을 방문하기도 했고, 투자처 이면에 숨은 배경을 조사하기 위해 가보지 않은 곳이 없었다. 심지어 급여의 75%가 삭감되는 일도 있었지만 나의 투자 모험은 결코 멈추지 않았다. 지금도 나는 새로운 시장을 발견하고, 그 시장의 리듬과 생리를 익히기 위해 1년에 수십 여개 나라를 찾아다닌다.

내가 세계를 돌아다니며 투자할 곳을 직접 확인하고 조사하기를 즐긴 것처럼 이 책을 읽는 당신도 자신이 좋아하고 잘할 수 있는 일을 찾아야 한다. 내가 월스트리트를 택한 이유는 내가 잘할 수 있는 일을 해내면 돈을 지불해주는 곳이었기 때문이다. 당신이 만약 정원을 가꾸는 일에 흥미를 가지고 있다면 정원사가 되어 자신이 좋아하는 일을 하면서 돈을 벌면 된다. 당장은 작은 정원을 가꾸는 일개의 정원사일지라도 자신이 다른 무엇보다 즐기고 잘할 수 있는 일에 소질을 보인다면 주변 사람들이 먼저 알아봐줄 것이다. 또 주변에서 인정을 받기 시작하면 멀리서도 당신을 찾아와 많은 보수를 지불하며 일을 맡기는 사람들이 생길 것이다. 그렇게 당신에게 일을 맡기는 사람들이 늘어나고 명성이 쌓이면 어느덧 당신은 전문 정원사가 되어 있을 것이다. 한마디로 정원 가꾸기 분야의 독보적인 전문가가 되는 것이다. 그러면 당신이 정신없이 일하는 동안 돈이 구석에 쌓이고 있을 것이다.

투자도 마찬가지다. 자신이 잘 알고 있고 현명하게 판단할 수 있는 종목에 투자해야 한다. 다른 사람들의 감언이설에 휘둘리지 말고, 자신이 직접 경험한 지식이 풍부한 분야에 투자해야 성공할 수 있다. 실패를 하더라도 자신이 쌓은 경험이 있는 사람은 원인을 분석할 수 있는 배경 지식을 갖고 있는 셈이다. 만약 자신이 원하는 분야를 아직 발견하지 못한 사람이라면 평소 자신이 어떤 생활을 하고 있는지 되돌아보라. 당신이 주로 보는 TV프로그램이나 매체는 무엇인가? 어떤 뉴스를 자주 찾아보는가? 취미가 무엇인가? 이런 것들이 모두가 당신이 좋아하고 잘 아는 분야를 드러내줄 수 있다. 그리고 자신이 좋아하는 분야에 조금 더 관심을 쏟고 들여다보기만 하면 된다. 그 분야에서 발견한 변화의 흐름을 읽어내고 가까운 미래에 어떤 일이 생길지를 묻고 답하다 보면 투자에 성공할 수밖에 없고 자연히 부도 쌓이게 될 것이다.

누군가 내게 부가 무엇인지 묻는다면, 부는 곧 '자유'와 같다고 말한다. 내가 부를 쌓는 이유는 무엇보다 자유롭게 살기 위해서다. 즉 내가 하고 싶은 것을 언제 어디서든 마음껏 할 수 있는 기반을 마련하기 위해 부를 쌓는 것이다. 나답게 살 수 있는 자유, 이것이 내가 부를 쌓는 이유이자 내가 생각하는 부의 정의다.

각자가 생각하는 부의 정의는 모두 다르다. 돈만으로 부를 충족시킬 수 없다고 생각하는 사람들은 정신과 마음에서 부를 느낀다. 직장에 얽매여 하루하루 살아가기보다 전 세계를 누비며 늘 새로운 경험과 모험을 통해 부를 느끼는 사람도 있다. 또 명품과 보석, 값비싼 자동차에 둘러싸여 살면서도 전혀 만족하지 못하는 사람들은 늘 부를 갈망하며 살아간다. 이처럼 자신이 관심을 갖는 분야에 따라 부에 대한 정의와 영역이 달라진다고 생각한다. 무엇이 옳고 그른지를 따지기에 앞서 각자가 생각하는 부에 대한 정의에 맞춰 자신이 흥미를 느끼는 일에 열정을 다하라고 말하고 싶다. 타인의 기준은 절대로 나를 만족시키지 못한다. 그것이 내가 지금껏 투자를 통해 배운 하나의 진리이자 나의 투자 절대 원칙 중 가장 중요한 핵심이다.

JIM ROGERS' 5-YEAR KOREAN PENINSULA
INVESTMENT SCENARIO

제 2 장

세계 유일의 분단국가를
주목한 이유

짐 로저스가 중장기 투자에 강한 이유는 '잠재력'에 돈을 쏟아붓기 때문이다.

그는 미래 수익을 낼 가능성을 점친 시장만을 고른다.

2015년 CNN의 인터뷰를 통해 그는 '북한' 투자 가능성을 공식적으로 언급했다.

"내 돈 전부를 북한에 투자할 수 있다면 그렇게 하겠습니다."

(If I could put all of my money into North Korea, I would)

그가 확신에 찬 목소리로 북한 투자를 언급한 것 자체만으로도 조짐은 심상치 않았다.

3년 뒤, 북한은 개방의 움직임을 보이기 시작했고

아시아의 동쪽 끝자락에 위치한 반도는 들썩이기 시작했다.

그가 북한을 주목하게 된 일련의 순간들을 짚어본다.

미얀마, 베트남, 중국…
역사가 가리키는 투자처 '북한'

2018년 남북관계 해소의 국면에 들어서기 훨씬 전부터 나는 북한을 떠오르는 투자처로 지목해왔다. 북한은 2017년 기준, 1인당 국민총소득GNI 146만 원(통계청), 2019년 현재 1인당 국내총생산GDP 은 1,400달러(월드데이터랩, 한화 약 165만 원)로 추정되는 세계 최빈곤국이다. 영토는 미국과 중국의 96~98분의 1에 불과하다. 내가 아시아의 이 작은 반도를 주목한 이유가 있다. 지금의 북한을 보고 있으면 1981년 당시 중국의 모습이 떠오르기 때문이다.

1972년 2월, 리처드 닉슨은 중국으로 날아가 마오쩌둥을 만났다.

(좌)1972년 리처드 닉슨과 마오쩌둥 (우)2019년 도널드 트럼프와 김정은

두 사람이 악수를 하는 장면은 뉴스를 통해 전 세계에 전해졌고, 지금도 나는 그 장면을 생생하게 기억한다. 당시 나를 비롯해 전 세계 사람들은 색다르고 새로운 전환의 징조를 감지했다. 하지만 미 대통령의 방중이라는 이례적인 사건 이후의 추이를 지켜볼 뿐, 실제로 할 수 있는 것은 아무것도 없었다. 이후 덩샤오핑의 개혁개방 정책으로 중국의 굳게 닫힌 철문이 열렸지만, 마오쩌둥 체제하의 중국 공산주의에 대한 좋지 않은 인식 때문에 중국 투자에 대한 전 세계의 시선은 부정적일 수밖에 없었다. 게다가 미국의 경우 중국과의 금융 거래를 불법으로 규정하고 있었다.

개방 당시의 중국과 지금의 북한을 두고 봤을 때 내가 전혀 투자할 수 없다는 아쉬운 상황 역시 비슷하다.

닫힌 문이 열리는 순간을
절대 놓치지 마라

나의 투자 방식이 늘 그랬듯, 가장 좋지 않은 상황에 놓인 투자처를 다시금 살펴볼 필요가 있다. 1948년에 영국의 식민 통치에서 벗어난 미얀마가 대표적이다. 미얀마는 독립 이후 수십 년간 정부의 잘못된 국정 운영과 열악한 경제 정책으로 가장 가난한 나라가 되어버렸지만 1900년대 초중반까지 아시아에서 두 번째로 부유한 나라였다. 내가 미얀마를 주목했던 이유는 바로 이 나라가 경험한 과거의 성공 때문이다. 1934년 무렵에는 무려 330만 톤의 쌀을 수출하는 농업국가로 세계시장을 주도하며 '아시아의 쌀 바구니'라고도 불렸다. 분명 미얀마가 농업 분야에서 거둔 경제적 성공은 유의미했다.

나는 2001년 미얀마를 방문해 금융업계 종사자들과 광산업자들을 만나볼 기회를 가졌다. 그들 모두 자국의 천연자원에 눈독 들이고 있는 중국, 러시아, 일본, 인도 등 여러 나라를 의식하고 있었다. 또한 주변 국가들이 양손에 돈을 거머쥐고서 투자를 준비하고 있는 덕분에 주춤했던 경제에 변화의 조짐이 감지된다고 말했다. 한편 미국은 미얀마에 제재 기조를 취하고 있었기에 어떤 투자도 불가능했다. 따라서 내가 할 수 있는 것이라고는 중국과 인도 사이에 위치한 미얀마의 지리적 강점과 6천만 명에 달하는 인구, 개발되지 않은 천연자원 등으로부터 무엇을 얻을 수 있는지 머릿속에서 그리는 일뿐이었다.

10년 뒤, 미얀마에 새 정부가 들어서면서 경제 개방 열풍이 일었다. 이에 미국이 제재 완화 노선을 취하면서 나는 미얀마를 새로운 투자처로 택하고 바로 현장을 찾아갔다. 당시 미얀마 암시장 환율은 1달러당 800차트 kyat였는데, 이는 공식 환율인 600차트보다 33%나 높은 수준이었다.

내가 투자할 수 있는 시장 중 가장 구체적인 가능성이 보인 분야는 '통신'이었다. 당시 미얀마 인구의 4%만이 휴대전화를 소유하고 있었고 시장에서 거래되는 유심 카드의 비용은 250달러(한화 약 29만 원) 이상에 달했다. 열악한 구식 의료 시스템이나 관광산업과 관련된 숙박업도 고려해볼 만한 분야였다. 하지만 숙박업의 경우 신용카드를 사용할 수 없었던 미얀마의 당시 사정을 고려할 때 결제수단의 문제가 해결되지 않는다면 관광산업의 성행으로 이어질 수 없다고 생각했다.

그럼 투자대상으로서 베트남과 중국은 어떠한가. 김정은이 주목하고 있는 이 두 나라는 사회주의 체제하에서 성공적인 개혁개방을 이룬 이상적인 모델 국가다. 따라서 김정은과 트럼프가 제2차북미정상회담 장소로 베트남을 택했다는 사실에는 많은 의미가 담겨 있다고 볼 수 있다. 많은 사람이 알고 있듯, 베트남은 1980년대 도이 머이 doi moi(베트남어로 '쇄신'이라는 뜻)라는 개혁개방 정책으로 적극적인 개방

의지를 펼쳤으나 당시 미국과 중국을 중심으로 한 국제사회의 제재를 받았다. 이 제재로 경제 성장이 한계에 봉착하자 베트남 지도부가 나서 국가 간 관계 정상화에 힘썼고, 미중과 관계를 회복한 후 1990년 즈음부터 놀라운 경제 성장을 이뤄냈다. 한편 오늘날 미국에 이어 세계 2위의 경제대국으로 성장한 중국의 개방 이후의 경제 상황은 굳이 설명하지 않아도 될 것이다.

중국을 포함해 개발도상국으로 분류된 나라에는 분명 투자 기회가 많다. 다만, 한 국가의 전체 경제를 잘 나타내는 거래 가능한 지수를 만드는 일은 쉽지 않다. 국가가 자본을 통제하고 있는 환경, 낮은 유동성 문제에 더불어 거래 가능한 주식의 양이 제한되어 있기 때문이다. 이런 개발도상국들일수록 성장을 위해서는 지수 창출이 매우 필요하고 또 중요하다.

나는 모름지기 국가란 사람들이 유입되기를 갈망해야 한다고 항상 말해왔다. 역사적으로 살펴봤을 때, 국가가 개방을 하고 나면 더 위대한 발전이 늘 뒤따랐다. 닫힌 문이 열리고 밀물과 썰물의 흐름이 자연스럽게 조성되면 국가는 한층 더 역동적으로 꿈틀대기 시작한다. 닫힌 문이 열리는 그곳에 항상 새로운 자본과 시장 그리고 기회가 있다. 내가 역사의 흐름을 따라 새롭게 떠오르는 투자의 파라다이스로 북한을 주시하는 이유다.

두 번의 방문,
전혀 다른 평양을 만나다

나는 2007년과 2014년, 두 차례 북한을 방문했다. 세계 경제의 중심이 아시아와 중국으로 이동하고 있다는 판단에 따라 아시아 시장으로 투자 거점을 옮기는 시점에 때마침 북한에도 관심을 갖게 된 것이다. 정확히는 2007년 가족들과 함께 싱가포르로 이주해왔을 때부터다. 아시아의 여러 국가들을 살펴보던 중 매체나 데이터를 통해 알려진 정보와 달리 실제로 저평가된 시장(국가), 재난 상태에 가까운 위기의 국가를 찾아야겠다고 생각했다. 그중 눈에 띈 나라가 바로 북한이었다.

사람들이 북한을 투자처로 고려할 생각조차 하지 않고 그저 악랄한 공산국가로만 보는 이유는 무엇일까? 물론 실질적이고 직접적인 투자가 어렵다는 이유도 중요하다. 내 생각에 그보다는 언론에서 북한을 다룰 때 늘 따라다니는 '사악한', '무서운', '굶주린' 등과 같은 수식어들이 가장 큰 영향을 주기 때문이리라. 내가 직접 현장을 찾아가 살펴보고서 투자하는 배경에 대해 말했듯, 나는 특정 프로파간다에 휘둘려서는 안 된다는 사실을 현장(스트리트)에서 톡톡히 배웠다. 정말 북한은 위험한 나라인가? 나는 내 두 눈으로 확인하기 위해 관광을 목적으로 미 국무부에 북한 방문을 신청했고, 허가가 떨어지자마자 북한으로 향했다.

2007년 김정일의 북한
2014년 김정은의 북한

2007년 북한을 처음 방문했을 때의 첫인상은 매우 폐쇄적이고 제한적이라는 감상평에서 크게 벗어나지 않았다. 그곳에서 내가 할 수 있는 일은 그리 많지 않았는데, 보고 들은 경험을 풀어낼 만한 에피소드조차 거의 없을 정도다. 여행객들의 작은 행동 하나까지도 예의주시하는 군인들의 철저한 경계하에 김정일 찬양 일색인 가이드의 안내를 따라 평양과 비무장지대DMZ를 들렀을 뿐이었다. 방문 기간 동안 내가 겨우 살필 수 있었던 것은 회색빛 도시 곳곳을 수놓은 통일 구호 정도뿐이었다. 예상보다, 혹은 예상했던 바대로 얻은 것이 그리 많지 않았던 방문이었다.

외부 세계와 전혀 손잡을 것 같지 않던 북한은 2011년 12월 김정일 사망 이후 달라지기 시작했다. 젊은 지도자 김정은이 등장하면서, 물밑에서 흐르던 미묘한 체제 전환의 움직임이 수면 위로 드러난 것이다. 나진·선봉을 시작으로 13개의 자유무역지구에서 조심스럽지만 적극적으로 상거래가 이뤄졌다. 물론 투자 규모는 지극히 제한적이었고 거래는 소수에 불과했다. 이러한 소식들은 공식적·비공식적 데이터를 통해 흘러나왔다. 나는 스위스에서 청년기를 보내고, 시장경제 논리를 알고 있는 젊은 지도자가 그의 아버지나 할아버지와 같은 길을 걷지 않으리라 내다봤다. 2014년 9월에 내가 다시 북한을 찾은 이유다.

두 번째 방문했을 때, 북한의 상황은 7년 전과 전혀 달라져 있었다. 대외적으로 알려진 것과 달리 역동적인 기운이 넘쳐흘렀다. 나는 김정은이 자신의 선대 정권에서는 결코 볼 수 없었던, 매우 급진적인 정책을 펼치고 있는 현장을 목도했다. 시장을 확대하려는 움직임이 대표적이다. 북한은 시장경제로 전환하기 위한 토대 조성과 경제 특구에 대한 적극적인 외자 유치를 꾀하고 있었다. 여행객의 경우 자전거

투어나 영화 투어도 할 수 있었다. 식당의 분위기 역시 2007년과는 달랐다. 하얀 식탁보와 은색의 고급 식기들, 촛대 위 양초까지 서양식 분위기가 물씬 배어났다. 평양 도심에서 만난 주민들에게서는 활기를 엿볼 수 있었고, 북한 관리들에게서도 개방적인 태도를 느낄 수 있었다.

북한 북동부의 항구도시인 나선경제특구Rason special economic zone 의 장마당 시장에 방문했을 때, 진열대에 놓인 수백여 개의 상품과 이를 사고파는 수백 명의 사람을 두 눈으로 직접 볼 수 있었다. 그곳에는 온갖 종류의 가전제품도 있었는데, 심지어 내가 무엇인지 모르는 신제품들도 많았다. 북한 내에서 사용이 금지된 휴대전화를 사람들이 들고 다니며 사용하는 모습들을 해외 통신을 통해 심심치 않게 볼 수 있었다. 실제로 내가 마주친 북한 주민 중 20%가량이 휴대전화와 인터넷을 사용하고 있었다. 또 세계 곳곳에서 들여온 다양한 술을 사가는 사람도 많았다. 분명 과거에는 볼 수 없었던 풍경들이었다.

이러한 북한 내부의 획기적인 변화를 실감할 수 있는 일이 두 번째 방북 기간 동안 평양에서 머물 때 일어났다. 북한 관리들이 나를 찾아와 "북한에 투자하라."면서 공식적인 제안을 해온 것이다. 그들은 꽤 솔깃한 이야기들을 전해왔고, 투자에 따른 매력적인 인센티브와 투자자 이익에 대한 보장까지도 장담했다. 그들의 말이 사실이든 아니든 투자자라면 쉽게 거부하기 힘든 매력적인 제안들이었다. 그러나 나는 그들에게 "미국 시민의 북한 투자는 불법이라 지금은 불가능하다."라고 답할 수밖에 없었다. 어쩌면 중국과 러시아 사람들이 투자의 기회를 선점해 훗날 돈을 쓸어 담을 때 우리는 북한으로 관광을 가서 샴페인을 마시는 것에 만족해야만 할지도 모른다.

나는 앞으로 개방의 문을 열 준비가 된 북한으로, 오래 기다려왔던 투자의 꿈을 실현할 수 있는 세 번째 방문을 고대하고 있다.

지금 북한시장의
상황은?

북한은 2002년 7월 1일 경제관리개선조치(7·1경제관리개선조치)를 취해 국가계획위원회 권한을 하부 단위로 위임하고 경영 자율성을 부여했으며 수익에 따른 차등 분배를 허용했다. 또 배급 계획을 폐지하고 임금을 인상했다. 이 조치를 통해 북한 경제에서 시장경제가 담당하는 영역과 역할이 확대됐다.

그러나 당을 중심으로 한 북한의 권력층은 경제력을 기반으로 한 신흥 계층의 부상을 용인하지 않았다. 북한 정부는 종합시장을 제한하고 개인의 서비스업 투자도 제한했으며 무역회사를 구조조정했다. 아울러 각종 검열을 통해 이른바 '돈주'錢主와 당정 간부도 골라내 처벌했다. 2007년 짐 로저스가 처음 방북한 때는 이렇게 당의 반격으로 시장경제가 철퇴를 맞던 시기였다. 그러나 시장이 담당했던 역할을 다시 정부가 수행하기란 불가능하다. 북한은 화폐개혁이라는 큰 실책을 거쳐 2010년 이후 다시 시장 확대를 받아들이게 됐다.

북한에서 건물을 갖추고 공식적으로 운영되는 시장이 몇 개나 될까? 미국 존스홉킨스대학 국제대학원SAIS 산하 한미연구소가 위성사진으로 분석한 자료에 따르면 2016년 10월 25일 기준, 436개의 시장이 운영되고 있다. 이는 전년도인 2015년에 분석한 396개보다 40개가 늘어난 수치다. 이 연구에 따르면 김정은 체제가 출범한 이후 5년 동안 새로 생기거나 확장·보수된 시장이 100여 개에 이른다. 2010년 이후 시장은 꾸준히 증가하는 추세를 보여주고 있다.

북한의 시장은 1990년대 경제난 시기에 생겨나기 시작했다. 당국에서 '고난의 행군'이라는 구호성 정책을 펴는 동안 인민들은 장마당이라는 자구책을 마련한 것이다. 북한 기업은 탁상행정을 이행하는 과정에서 생겨났다. 북한 당국은 각급 기관이나 기업소의 운영에 필요한 예산을 보장해주지 못하면서도 이들에게 자력갱생을 강요했다. 그러자 기관·기업소에서는 사기업을 통해 부족한 수입을 충당했다. 주로 사기업에 명의를 대여하고 산하 기업으로 편입해주면서 일정한 대가를 받는 방식으로 이루어졌다.

북한시장과 사기업 확대의 흐름은 네 단계로 구분할 수 있다. 첫 번째 단계는 시장과 사기업이 서서히 생겨난 1990년대부터 2002년까지다. 두 번째 단계가 시작되는 2002년에는 7·1경제관리개선조치가 발표됐다. 세 번째 단계에 해당하는 2007년부터 북한 당국은 시장을 억제하는 정책으로 돌아섰다. 이후 2010년에 시장 허용 정책으로 복귀했고, 이 정책 기조가 지금까지 유지되고 있다.

7·1 조치는 계획경제의 실패를 인정한 것

여기서는 주로 두 번째 단계를 살펴보고자 한다. 전문가들은 시장경제를 확대하고자 하는 현 단계의 흐름이 7·1경제관리개선조치의 기조하에서 이뤄지고 있다고 설명한다.

2002년 7월 1일 북한 정부가 도입해 실시한 경제관리개선조치는 그동안 자신들이 실시한 계획경제의 실패를 인정하고, 계획경제의 공백을 메우며 비공식적으로 기능한 시장의 존재를 받아들인 것이었다. 이 조치는 배급 제도의 변화, 공장·기업소 책임경영 강화, 물가와 급여 대폭 인상, 차등 임금 공식화, 환율 현실화 같은 내용을 골자로 했다.

이 조치가 급작스럽게 마련돼 발표된 것은 아니었다. 2001년 10월 김정일 위원장이 내린 지침에 따라 몇 개월 동안 준비된 조치에서 비롯한다. 당시 김 위원장은 "사회주의 경제건설에서 제일 걸린 것이 경제관리 문제로, 아직도 경제는 정상궤도에 올라서지 못하고 있고 사회주의 경제관리체제와 질서도 많이 힘들어졌다."고 말했다.

계획경제의 생산 부문 실패는 공장 기업소의 생산활동에 대한 국가 자금 지원 규모 축소, 공장 가동률 저하, 계획 목표 미달 등으로 드러났다. 소비 부문에서는 국가 배급체계 붕괴, 가계의 자력갱생, 시장에서의 매매 확대 등으로 나타났다.

북한 계획경제의 실패는 구체적으로는 배급제의 실패였다. 북한은 과거 소련이나 동유럽과 달리 배급제를 기본으로 시행했다. 소련이나 동유럽에서는 소비재 배급제를 거의 시행하지 않았고, 국영상점에서 소비재를 판매했다. 그런데 경제난으로 배급할 식량과 소비재가 떨어지자 북한은 계획경제를 수정할 수밖에 없었다.

한편 7·1 조치로 공장·기업소의 책임경영이 강화됐다. 부족한 원부자재는 자체 해결하도록 했고 당 간부가 행사하던 권한을 지배인에게 이양했다. 그 결과 원부자재 시장이 '사회주의 물자교류시장'이라는 이름으로 개설됐다. 이 시장에서는 지정된 품목에 한해 원부자재와 부속품이 거래됐다. 아울러 농업 부문에서 개인경작지가 확대됐다. 개인이 임의로 개간·경작할 수 있는 토지 면적이 기존 30~50평에서 400평으로 넓어졌다. 일종의 세금인 토지사용료를 제정해, 이 사용료를 내고 땅을 경작하는 대신 경작지에서 발생한 잉여 농산물은 농민이 재량으로 처분할 수 있게 했다.

다시 한번 강조하자면, 7·1 조치는 경제난을 타개하기 위한 것이 아니라 자생적으로 생겨나고 작동한 시장의 역할을 제도적으로 수용한 것이다. 이는 경제난과 7·1경제관리개선조치의 시차에서 확인할 수 있다.

금융시장과 노동시장도 함께 활성화

7·1 경제관리개선조치로 북한 내 비공식 경제와 공식 경제의 괴리가 좁아졌다. 그러자 비공식 경제 부문에서는 정부에서 합법으로 정한 수준을 크게 상회하는 수준으로 시장화가 광범위하게 전개됐다. 예를 들어 북한 정부는 7·1 조치를 통해 종합시장과 사회주의 물자교류시장만 합법으로 인정했지만, 현실에서는 금융시장과 노동시장이 함께 활성화됐다. 또 7·1 조치는 종합시장 매대상인 같은 소규모 소매업을 합법으로 받아들였지만 대규모 도매업도 성업도록 보장했다.

북한의 금융시장이 자본가인 돈주를 중심으로 발전했다면, 북한의 노동시장은 '8·3 노동자'와 함께 발전했다. 8·3 노동자는 공장·기업소에 출근하지 않는 대신, 매달 일정 금액의 현금을 지불하고서 시장 등에서 자유롭게 경제활동을 하는 사람을 가리킨다. 즉 이들은 비공식적인 자유 임금노동자를 의미한다.

그렇다면 왜 8·3 노동자라고 부르게 됐을까? 1984년 김정일 위원장은 '8·3 인민소비품 생산운동'을 제창했다. 이는 가정주부, 노인 등 '국가계획에 포함되지 않은 노동력'과 공장 폐기물, 부산물 등 '국가계획에 포함되지 않은 자재'를 결합해 '국가계획에 포함되지 않은 제품'을 만드는 운동이었다. 이후 '8·3'은 북한 내에서 비공식적인 경제행위를 가리키는 용어로 자리 잡게 되었다.

8·3 노동자는 공장·기업소와 노동자의 이익이 맞아떨어져서 발생하고 증가했다. 공장·기업소는 가동률이 낮아 노동자에게 임금을 제대로 지급하지 못했다. 이런 상황에서도 공장·기업소는 국가에 돈을 납부하고 과제를 수행해야 하며, 그러기 위해서는 돈이 필요하다. 노동자도 공장에서 지급하는 임금 외에 돈이 더 필요하다. 그래서 노동자는 일이 없는 동안에는 출근하는 대신 공장·기업소에 돈을 내고 다른 곳에서 돈을 버는 것이다.

돌이킬 수 없는
시장경제로의 움직임

나는 몇 년 전까지만 해도 북한을 '죽은 나라'dead country 라고 여겼다. 매우 솔직한 내 의견이다. 말하자면 국가로서의 정상적인 기능을 앞으로 유지해나가기 힘들다고 봤다. 자본의 유입이 전혀 없고 세계로부터 고립된 이 나라에 대해 누구라도 긍정적인 전망을 내놓기는 어려울 것이다(《월스트리트저널》과의 인터뷰 이후, 당시 언론에서는 '짐 로저스, 북한 체제 붕괴에 베팅하다'라는 자극적인 타이틀을 내세워 북한 금화를 사재기한다며 기사를 쓴 것으로 기억한다).

한 국가의 지속성을 장담할 수 없는 경우에 가치가 올라가는 것이 있다. 바로 '동전'(화폐)이다. 〈월스트리트저널〉 기사로 알려졌듯이 나는 2013년 싱가포르에서 열린 국제주화박람회에서 고려부강주화회사Korea Pugang Coins Corp로부터 2,500달러(한화 약 299만 원)의 가치에 해당하는 북한 금화 13개와 70달러(한화 약 8만 원) 가치의 은화를 있는 대로 사들였다. 실제로는 그 이전부터, 또 그후로도 관심을 가지며 북한 동전을 꾸준히 사들였는데, 동전과 우표만이 내가 유일하게 할 수 있는 북한 관련 투자라는 사실이 안타까울 따름이었다.

북한의 경제특구와
장마당에 주목하다

북한 투자에 관심을 가져본 사람이라면 북한의 경제특구에 들어간 외국계 기업을 통한 간접투자에도 당연히 눈독을 들이기 마련이다. 나 또한 북한 투자를 고려해봤지만 애석하게도 자유의 나라의 시민인 나는 북한에 투자하는 데 있어서 전혀 자유롭지 못하다. 간접투자 역시도 미국에서는 위법이기 때문이다. 만약 북한 시장에 대한 합법적인 투자가 가능하다면, 북한의 29개 경제특구와 장마당에 나의 투자자금 중 일부를 분배하고 싶다.

여기서 잠시 북한의 김정은이 고려하고 있는 베트남식 점진적 '사회주의 중심의 시장경제' 체제가 가져온 변화를 살펴볼 필요가 있다.

1980년대 후반 개방개혁 이전까지 베트남에는 사기업이 존재하지 않았다. 그러나 현재 베트남 정부 통계에 따르면 44만~60만 개의 민간 기업이 활동하고 있다. 중앙계획으로 움직인 폐쇄적인 경제 체제에서 벗어나 시장경제 체제로 전환하면서 베트남 1인당 GDP는 1980년대 이후 5배 증가한 2,500달러(2019년 기준 한화 약 299만 원)이며 2018년 경제성장률은 7%를 기록했다. 특히 연간 최대 90억 달러(한화 약 10조 7,874억 원)의 투자 기회가 발생했다는 사실에 주목해야 한다.

2014년 북한 방문 당시 현장에서 느낄 수 있었지만, 북한 주민들이 장마당에서 상거래 활동을 통해 소득을 발생시키고 있다는 것은 부정할 수 없는 사실이다. 현재 북한 정부의 공식 허가를 받은 약 440개의 민간시장에서 성장할 민간기업뿐 아니라 경제특구 지역에서 시작될 외국계 기업의 본격적인 사업 활동도 무척 기대해볼 만하다.

시장경제로의 원만한 연착륙을 기대하며

베트남과 중국이 그랬던 것처럼, 나는 김정은이 중국의 방식을 모델로 삼아 기업가들이 스스로 돈을 벌 수 있도록 허용하기를 바란다. 이를 통해 기업들이 대부분의 일을 자체적으로 지휘하고 해결할 수 있다면 시장경제 체제로의 성공적인 연착륙을 이뤄낼 것이라고도 기대한다. 물론 권한을 위임한다는 것이 쉽지는 않을 것이고, 어쩌면 국가의 통제하에 두려는 시도를 멈추지 않을지도 모를 일이다. 그러나 지난 십몇 년간 북한이 기업가 정신, 사유재산, 주식시장을 포함한 시장경제를 배우기 위해 싱가포르로 관리 인사와 북한 주민들을 보낸 사실이 알려져 있다. 김정은도 아버지의 계획경제 정책 실패를 충분히 이해하고 그로부터 깨달은 바가 있었을 것이다. 이런 맥락에서 북한이 문을 열고 시장경제 체제로 향해 움직일 때 김정은 정권이 현명하고 지혜로운 정책을 펼칠 준비가 되어 있길 바란다.

북한 정부가 안고 있는
딜레마

시장을 용인하는 북한의 정책 기조는 2005년부터 밀려나기 시작했고 2007년에 이르러 완전히 뒤집혔다. 이러한 정책 기조의 반전은 정치적인 측면과 사회적인 명분으로 나눌 수 있다.

산업연구원KIET에서 발간한 《2000년대 북한경제 종합평가》(2012)의 분석에 따르면 우선 정치적으로는 내각과 당 사이에 벌어진 갈등에서 당이 주도권을 쥐었다고 볼 수 있다. 당은 내각이 주도한 7·1경제관리 개선조치가 실시되자 반발하기 시작했다. 반발의 명분으로는 시장화에 따른 부작용을 들었다. 시장화 반대파는 기존 체제와 질서의 동요, 배급주의와 개인주의 확산 등을 문제 삼았다.

시장에 대한 단속과 통제는 다각도로 가해졌다. 종합시장 매대상인에 대해 전방위적으로 제한을 가했다. 상행위 가능 연령, 시간, 품목, 장소 등이 제한됐다. 또 서비스업에 대한 개인투자활동 역시 제한 조치가 취해졌고 무역회사에 대해서는 구조조정 조치가 시행됐다. 이와 함께 각종 검열을 통해 돈주와 당정 간부를 적발해 처벌했다. 2009년부터는 종합시장의 물리적 폐쇄와 농민시장으로의 환원도 시도됐다.

시장경제 활동에 대한 북한 정부의 가장 공격적인 조치는 '화폐개혁'이었다. 북한은 2009년 11월 말에 전격적으로 화폐개혁을 단행했다. 구화폐를 신 화폐로 바꿔주는 과정에서 대상인과 중간상인 등의 보유 현금을 1인당 일정 한도 내에서만 교환해줬다. 이를 통해 거액 현금을 보유하고 있는 계층의 활동을 축소하고, 더불어 시장과 시장경제 활동을 위축시키는 효과를 노렸다. 종합시장을 농민시장으로 환원한다는 발표는 이런 맥락에서 나온 것이었다.

화폐개혁은 효과를 거뒀으나 그 대가가 너무 컸다. 시중에서 유통되는 화폐가 줄어들면서 시장의 상품 거래도 위축됐다. 물가는 치솟고 환율도 폭등했다. 이를 수습할 역량과 자원이 없는 북한 정부는 2010년 2월 초에 시장에 대한 제한을 풀기로 했다. 그리고 같은 해 5월에 시장 단속·통제 정책을 철회했다. 이후 시장은 다시 합법적인 지위를 회복했다.

화폐개혁 등 시장에 대한 반격에서 패배

북한 정부는 시장화를 촉진해야 하는 동시에 억제해야 하는 딜레마에 처해 있다. 계획경제가 와해된 상황에서 주민의 생계 문제를 해결하고 경제가 돌아가도록 하려면 북한 정부는 시장의 힘을 빌릴 수밖에 없다. 하지만 시장화가 진척되어 시장의 힘이 커지면 기존 제도와 질서가 무력해지고 결국 정치적인 부담도 함께 커진다.

시장이 커지고 역할이 확대되는 것을 방치할 것인가, 아니면 다시 견제할 것인가? 견제한다면 어떻게 할 것인가? 자신들이 처한 상황에 대한 질문에 북한 정부는 '관리 가능한 시장화'라는 절충안을 내놨다. 시장화를 일정한 수준까지 용인하고 촉진하되, 그 수준을 넘어선다면 억제한다는 생각이다.

하지만 이러한 절충안의 문제는 한두 가지가 아니다. 먼저 일정한 수준이라는 것이 어느 정도를 말하는지 정책을 입안할 당국자조차도 모른다는 점이다. 시장 참여자도 시장이 어떻게 나아갈지 당연히 알 수 없다. 이처럼 어떤 기준도 없는 상황에서는 시장 참여자들이 돈을 추구하면서도 당국자와의 관계를 형성하면서 일종의 보험을 들려 할 것이다. 그리고 그 과정을 통해 시장 참여자는 당국자들을 더욱 포섭하려 들 것이고, 시장화는 부정과 부패의 온상이 되어 더 깊고 넓게 뿌리를 뻗치게 될 것이다.

시장화, 이미 너무 넓고 깊게 뿌리 내려

국가가 시장을 관리한다는 것이 가능할지도 의문이다. 2007년 이후 북한에서 시행된 시장 규제와 단속, 나아가 화폐개혁도 시장을 억제하거나 대체하지 못하고 실패한 전력이 있다. 북한 정부 입장에서는 한번 실패한 화폐개혁이라는 수단을 다시 동원할 수 없을 것이다. 물리적인 방식의 시장 제한은 언제나 근본적인 문제를 해결하지 못한다.

실질적인 제약도 있다. 국가가 재정의 상당 부분을 시장에 의존하고 있다는 현실이다. 북한의 당·군·내각은 각각 시장에서 거둬들인 돈을 각자 소속된 부문의 공공기관과 국영기업의 유지 및 소속 구성원들의 생계 유지 등에 사용하고 있다. 당·군·내각은 각종 납부금과 사용료를 시장에서 받고 있어 시장이 위축되면 당·군·내각도 위축된다.

헝가리나 폴란드 같은 과거 동구권 국가에서도 공식적으로 체제가 전환되기 전에 사유화 과정이 일어났다. 북한에서도 이와 비슷한 과정이 전개되고 있다. 즉 경제 위기 이후 20여 년 동안 북한에서는 시장경제가 계획경제를 대체하면서 계획경제 및 정부 당국과 얽혀드는 흐름이 진행돼왔다.

북한의 시장경제로의 이행은 종합시장, 돈주, 개인사업자, 임금노동자 등을 통해 북한 경제 시스템 전반에서 이뤄졌다. 시장경제는 북한 주민이 생계를 유지해나가는 터전에 그치지 않고 기관·기업소의 운영에

도움을 주며 국가 재정에도 기여하고 있다.

이를 고려할 때 북한 정부가 다시 시장화에 급제동을 걸 가능성은 낮아 보인다. 시장화가 급격하게 진행되지는 않더라도, 시장은 계속 범위와 역할을 확대해나갈 것으로 예측된다. 북한의 시장화는 이제 '비가역적'이 됐다.

금, 은, 철도, 천연자원…
자본이 흘러넘치게 될 땅

북한은 미지의 땅이자 잠재된 기회의 땅이다. 내가 이런 말을 하면 사람들의 반응은 거의 같다. '이 사람 대체 무슨 말도 안 되는 소릴 하는 거지?' 하지만 나의 생각에는 변함이 없고, 나는 내 생각에 의구심을 갖는 사람들에게 몇 번이고 말할 수 있다. 전 세계에 남아 있는 몇 안 되는 투자의 큰 기회 중 한 곳이 바로 북한이다.

이미 여러 매체를 통해 수십 차례 강조해왔듯 현명한 투자자라면 지금은 북한의 금과 은에 투자해야 한다(금에 투자하는 것에 대한 자세한 조언은 전작《스트리트 스마트》에 밝힌 바 있다). 북한의 금화와 은화는 본연의 가치 외에 희소성도 지니고 있기 때문에 좋은 투자 대상이라고 생각한다. 북한은 적어도 지난 30년 동안 금과 은을 (많진 않지만) 생산해왔고 그중 일부를 동전으로 만들어왔다. 내가 북한의 금·은화를 매수할 수 있는 기회를 만났을 때 사지 않을 이유가 전혀 없었다. 단언컨대 북한의 금화와 은화는 지금이 가장 낮은 가격이라고 봐야 하기 때문이다. 만약 할 수만 있다면 지금까지 내가 사들인 양보다 더 많은 금화와 은화를 사들일 것이다.

한국의 일부 언론에서는 내가 북한 채권을 매입했다고 보도하기도 했다. 이는 사실이 아니다. 아마도 내가 북한과 관련해 모든 것을 투자할 용의가 있다고 말해서 생긴 오해일 것으로 보이는데, 나는 미국인으로서 아직 북한 자산에 투자할 상황이 아니다. 다만 지금껏 관심을 가졌던 투자 대상이 금화와 은화를 비롯해 북한 화폐 정도였지만, 앞으로 북한의 변화를 예의주시할 것이다.

내 나름대로 이후에 벌어질 만약의 사태를 가정하자면 북한이 붕괴되었을 때 북한의 금·은화는 세계 곳곳의 주요 수집가들에게 매우 매력적인 투자 대상이 될 것이다. 심지어 부르는 게 값이 될 정도로 희귀 상품이 될 거라 예상해볼 수 있다. 따라서 북한의 금·은화의 가격이 (물론 금과 은 가격 자체가) 내려갈 일은 절대 없을 것이다.

나선경제특구에서 포착된
거대한 변화의 조짐

2014년 북한의 나선경제특구에 방문했을 당시 나는 북한이 앞으로 세계에서 가장 흥미로운 나라가 될 거라고 확신했다. 이 자유항의 도시에 흘러넘치는 역동성은 나에게 그런 강한 확신을 심어주기에 충분했다. 나선경제특구는 북한의 가장 첫 번째 경제특구로 지정된 도시로, 아시아 최북단에 위치하면서도 빙하가 없는 자유항을 끼고 있다.

러시아의 푸틴 대통령이 추진 중인 시베리아횡단철도Trans-Siberian Railway, TSR의 기점이 될 이 항구 도시에 러시아는 몇몇의 부두를 건설 중이었다. 중국 역시 나선경제특구의 항구에서 적극적인 투자 움직임을 보이고 있었다. 국경지대에 자리한 중국의 동북 2성(지린吉林성, 헤이룽장黑龍江성)이 러시아와 북한에 가로막혀 바다로 연결되지 않기 때문에 나진항에 관심이 특히 많다고 들었다.

역사적으로 지리적 변화가 일어나는 경우는 그리 흔치 않다. 하지만 오늘날 중국은 지도를 바꾸려는 시도를 꾀하고 있다. 그들은 또 다른 새로운 항구로 부상하게 될 미얀마를 가로지르는 철도를 포함해 유럽까지 이어지는 모든 인프라를 구축하고 있는 중이다. 현재 아시아의 가장 큰 항구는 싱가포르지만 이제 그 직위를 내려놓을 준비를 해야 할지 모른다. 내 판단에는 이보다 더 주목해야 할 항구가 바로 나선경제특구에 나진항이다. 위치적·지리적 조건이 훨씬 매력적이기 때문이다. 나선경제특구를 활용하면 아시아에서 상품을 생산해 열차에 실어 보낼 경우 베를린까지 도달하는 데 지금보다 2주나 일찍 도착할 수 있다. 그만큼 나선경제특구가 아시아에서 유럽으로 상품(물건)을 옮기는 데 훨씬 더 경쟁력 있는 지역이다.

실제로 나선경제특구에 방문했을 당시에 나는 직원 15명을 고용한 의류 회사의 한 북한 여성 사업가를 만난 적이 있다. 그는 아주 영리하게 사업을 하고 있었다. 그의 고객은 대부분 한국에 있었다. 중국 업체를 통해 주문을 받아 제품을 만들어 중국으로 보내고, 중국 업체는 제품을 받아 한국으로 수출하는 방식을 택하고 있었다. 수산물을 판매하는 다른 회사도 같은 방식으로 사업을 벌이고 있었다. 북한의 업체에서 어획물을 중국으로 보내면, 중국의 업체가 한국에 수출하는 식이었다. 나선경제특구에서 흔하게 벌어지는 방식인 듯했다. 게다가 나선경제특구의 국경지대엔 상점이 수백 곳이었고, 사업가들도 넘쳐났다. 기업가 정신이 죽지 않았다는 것을 확인할 수 있었고, 많은 기회 또한 엿볼 수 있었다.

값싸게 기회를
선점하고 있는 나라들

현재 북한의 철도와 천연자원에 투자하고 있는 대표적인 나라가 중국과 러시아다. 이 두 나라는 북한 정부 및 민간기업과 합작회사를 설립하거나 공동 사업을 적극적으로 추진하고 있다(2018년 8월 UN 안보리 대북제재위원회의 중간보고서에 따르면 중국이 215개, 러시아가 30여 개, 이외 싱가포르·호주 등을 포함해 북한에 200개 이상의 합작회사가 운영 중이다).

특히 중국은 일찍이 내가 '가장 자본주의적인 국가'라고 표현한 말이 전혀 무색하지 않을 만큼 양손 가득 돈을 움켜쥐고 접촉 가능한 모든 채널을 통해 북한의 철광석과 국경 인근의 부동산을 열심히 사들이고 있다. 또한 북한에 은행뿐만 아니라 상품, 인프라 등 다양한 사업 영역으로 진출해 있다. 중국과 러시아가 원하는 지역, 원하는 자원, 원하는 노동력을 값싸게 사들이는 동안 내가 할 수 있는 것은 별로 없을 것이다. 그저 그들의 쇼핑 목록을 보며 훗날 중국 은행을 통해 북한에 돈을 송금하고 시베리아철도를 타고 가족과 유라시아를 횡단하는 내 모습을 상상해보는 것뿐이다.

북한의 달러화 시장 가능성은 얼마나 되는가?

북한은 여전히 당을 중심으로 한 권력층이 시장과 기업, 개인사업자를 통제하고 있다. 또한 북한에는 암달러 시장이 존재하고, 암시세는 공식 환율과 차이가 적지 않다. 그러나 북한 내부에서부터 시작된 잘살고자 하는 의지와 경제적인 편의에 대한 갈망은 점차 기존 체제를 바꿔나갈 것이다.

북한이 문호를 개방하고 경제 개발에 나선다면 어느 정도 성장할 수 있을까? 자신들보다 훨씬 먼저 경제를 성장 가도에 올려놓은 베트남 등 동남아 국가와의 경쟁에서 입지를 확보할 수 있을까? 불가능한 일은 아니라고 본다. 북한의 노동력은 임금 면에서 동남아보다 훨씬 저렴하고, 사람들도 훨씬 영리하며 의욕이 넘친다. 이는 개성공단을 통해 이미 입증된 바 있다.

다만 해외 투자자들이 북한에 직접 투자를 하려면 주식거래를 할 수 있을 때까지 몇 단계 기다려야 한다. 북한에서 주식회사 설립을 허용하고, 증권거래소를 열고, 기업이 상장되고, 외국인에게 주식투자를 허용하는 순서를 밟아야 하기 때문이다. 북한에 직접 투자를 하는 방식이 아니라면, 북한과의 비즈니스나 북한에서의 비즈니스로 성과를 올릴 수 있는 기업, 특히 한국 기업에 투자하는 방안이 있다.

돈주가 이끄는 시장화가 전방위로 확산된다

북한 사람들은 세계적으로 손꼽힐 정도로 달러를 좋아한다. 북한이 세계에서 가장 폐쇄된 국가임을 고려할 때 역설적인 현상이다. 세계적으로 인플레이션이나 환율 변동이 심한 국가의 사람들은 달러를 선호하게 마련이다. 대개 경제가 낙후돼 있는 국가들이다. 북한도 경제적으로 큰 잠재력을 가진 것에 비해 개발되지 않은 탓에 심한 인플레이션을 겪었다. 게다가 2009년 화폐개혁을 거치면서 북한 사람들은 자국 화폐를 더 불신하게 됐다.

북한의 시장화는 달러화와 함께 진행되었으며 돈주라는 계층을 낳았다. 돈주는 북한에서 사용되는 신조어로 '돈의 주인'을 가리킨다. 달러를 비롯한 외화를 얼마나 보유하고 있는지에 따라 돈주인지 아닌지를 판가름할 수 있다. 돈주를 가르는 기준은 5만 달러(한화 약 5,993만 원) 이상, 10만 달러(한화 약 1억 1,987만 원) 이상, 100만 달러(한화 약 11억 9,870만 원) 이상 등이다. 달러 환산 기준 외화 5만 달러 이상을 기준으로 하면 북한의 돈주는 24만 명으로 추정된다고 한다. 10만 달러로 기준을 잡으면 5천 명 정도인데, 이들 돈주가 굴리는 사금융 규모는 50억 달러(한화 약 5조 9,935억 원)에 이른다. 북한의 화폐까지 포함하면 규모는 더 커진다. 탈북자들에 따르면 최근에는 지방에도 100만 달러 이상 보유한 돈주들이 있을 정도로 돈주의 자금 규모가 커졌다.

전문가들은 북한을 '달러화 경제'로 분류한다. 달러화 경제란, 총통화 M2에서 달러화 등 외화가 차지하는 비중이 30%가 넘는 경제를 가리킨다. 우리금융경영연구소의 2019년 2월 추정에 따르면 북한 내 M2 가운데 달러화 등 외화가 차지하는 비중이 64%에 이른다. 앞서 2018년 10월에 내놓은 〈베트남 사례를 통해 본 북한의 달러라이제이션Dollarization〉 보고서에서는 북한의 통화대체를 약 64%, 자산대체를 90% 이상으로 추정했다.

	북한 내 화폐 사용 비율			

(단위: %)

	화폐개혁 이전(2006~2009년)		화폐개혁 이후(2010~2014년)	
	국경 지역	비국경 지역	국경 지역	비국경 지역
북한화	77	72	42	61
위안화	22	6	57	9
달러화	1	22	1	30

출처: 우리금융경영연구소

달러화의 세 가지 요인: 장마당, 물가, 화폐개혁

미국의 달러가 자국 통화 대신 통용되는 현상을 '달러라이제이션'이라고 부른다. 북한도 1990년대 후반부터 달러라이제이션이 진행됐다. 원인으로는 크게 세 가지를 들 수 있다.

첫째로, 장마당의 등장이다. 북한의 달러라이제이션은 중국과 국경을 접한 도시의 장마당에서부터 이뤄졌다. 이를 설명하기 위해서는 장마당이 등장하게 된 배경을 살펴봐야 한다. 농가는 극심한 흉작에 시달리고, 경제난까지 더해져 국가의 배급이 끊겼고, 국영상점도 제 기능을 하지 못했다. 사람들은 스스로 살아남기 위해 생필품을 거래하기 시작했고, 그렇게 자생적으로 생겨난 것이 북한의 장마당이다. 장마당 거래가 늘어나고 중국과의 무역이 확대되자, 자연히 북한에서는 달러화와 중국 위안화가 더 많이 쓰이게 된 것이다.

또 다른 요인으로는 인플레이션이 있다. 북한의 물가가 가파르게 오르자 북한 원화는 거래 매개 수단으로서 인기를 잃었다. 북한 당국도 휴대전화 등을 판매하는 국영매장에서 달러로 대금을 받게 됐다. 심지어 세금을 달러로 납부하는 것도 허용하고 있다. 북한 원화는 아울러 가치 저장 수단으로서의 '가치'도 상실했다.

마지막 요인으로 화폐개혁이 있다. 2009년 11월에 단행된 화폐개혁은 북한 원화 보유자에게 또 한번 충격을 줬다. 화폐개혁 당시 북한 당국에서는 구 화폐 100원을 신 화폐 1원으로 교환해줬다. 단, 모든 돈을 다 바꿔주는 대신 1인당 한도를 두었다. 이는 시장과 시장경제를 위축시키기 위한 조치로, 거액의 현금을 보유한 계층은 재산의 상당 부분을 한순간에 잃게 된 것이나 마찬가지였다.

한국에 적극적인 투자를
하지 않는 이유

한국은 중국보다 규제와 통제가 심해 가장 투자하기 어려운 나라 중
하나다. 실제로 해외 기업가들 대부분이 한국보다 중국에서 사업하
는 것이 더 쉽다고 말한다. 나는 전 세계 50~60여 개 국가에 투자한
경험이 있다. 그중 한국은 다른 국가들에 비해 국외 투자자들이 쉽게
접근할 수 없을 만큼 복잡하고 까다롭고 불합리한 규제를 많이 가지
고 있다. 예를 들어 내가 가지고 있는 싱가포르 계좌에 있는 한국 주
식을 한국 계좌로 바로 옮길 수 없다. 싱가포르에서 모두 팔고 한국에
서 다시 사들여야 하기 때문에 시간과 비용 모두 낭비된다. 이러한 불

합리함을 개선시키지 않는 한 한국이 세계의 금융 중심지가 되는 일은 어려워 보인다. 한국 경제가 아시아에서 네 번째로 큰 규모라는 것을 감안하면 큰 제약이다.

만약 한국 정부가 과잉 규제를 완화하여 해외 기업가들에게 한국 내 사업 추진 동력을 실어주고, 해외 투자자들을 적극 유치하는 방향으로 금융 부문 개방을 확대한다면 상황은 달라진다. 1980~1990년대 '다이내믹 코리아'라 불렸던 한국의 경제 상황과 기업가정신이 되살아나고 저소득층 문제도 개선될 것이다. 더불어 내가 강조하는 또 하나의 전제는 바로 '기회의 땅'인 북한의 개방이다. 북한의 시장이 개방되고 경쟁이 활성화되면 한반도 내 경기 침체에 대한 우려는 자연히 해소될 것이다.

한국 경제가
안고 있는 문제

현재 국가부채 규모도 중요하지만, 국가부채 규모가 증가하는지 감소하는지도 중요하다. 특히 한국의 국가부채는 증가 속도가 빠르다는 점에서 우려를 낳고 있다. 국제결제은행BIS 통계를 분석한 자료에 따르면 한국의 국가부채는 2000~2018년에 연평균 14% 증가했다. 주요 국가 43개국 중에서 같은 기간 아르헨티나의 국가부채 증가율이 29%로 가장 높았고, 중국이 18%로 2위였으며, 한국은 세 번째에 랭크되었다.

한국 경제는 수출의존도가 매우 높은 편이다. 수출의존도란 수출 금액을 GDP로 나눈 수치를 뜻한다. 국제통화기금IMF 등의 통계를 보면, 2017년 한국의 수출의존도는 38%로, 주요 20개국G20 중 네덜란드(64%), 독일(39%)에 이어 세 번째로 높다. 한국의 전년 동월 대비 수출은 2018년 12월 이후 2019년 8월까지 9개월 연속 감소하고 있다. 특히 2019년 6월부터 8월까지 3개월 동안 수출 금액은 각각 두 자릿수 감소율을 기록했다. 이는 세계적으로 경제 성장이 한계에 봉착해 곳곳에서 무역전쟁이 벌어지게 될 때 이에 대한 악영향을 고스란히 받을 수밖에 없는 경제구조라는 의미다.

최근 한국에서 논의되고 있는 최저임금 이슈 역시 예민한 사안이다. 최저임금이 높아지면 세계시장에서 스스로 경쟁력을 없애는 결과를 낳을 수 있다. 다시 말해, 반작용 효과를 일으킬 수 있다는 사실을 간과해서는 안 된다.

내수 시장을 지키려는 경제구조와 정책을 고수하는 방식으로는 결코 좋은 결과를 얻을 수 없다. 단적인 예가 바로 일본이다. 현재 일본은 장기적으로 매우 심각한 쇠락의 길을 걷고 있다. 출생률이 매우 낮고 이민을 허용하지 않으며 과다한 정부지출을 이어가고 있기 때문

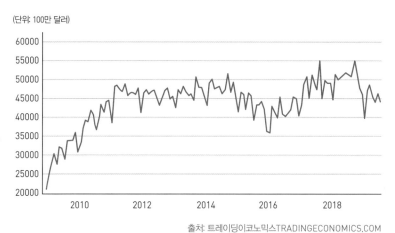

최근 10년 한국 수출 추이

(단위: 100만 달러)

출처: 트레이딩이코노믹스TRADINGECONOMICS.COM

이다. 일본은 정부 부채 비율에서 세계 1위라는 불명예를 안고 있다.
게다가 부채의 규모가 천문학적 수준이다. BIS 통계에 따르면 일본의
정부 부문 부채는 GDP와 비교해 215%에 달한다. 주변에서 계속 현
재 일본의 상황이 좋지 않다고 말해주어도 일본 정부는 자신들의 정
책을 유지해가고 있는 것이 가장 큰 원인이다.

역사적으로 많은 국가와 정부에서 심각한 오류를 반복해왔다. 한
국이라고 예외는 아니다. 한국도 일본과 같은 선택을 할 수 있고 심각
한 오류를 범할 수 있다. 만약 그런 나라에 투자를 하려는 계획이 있

다면 그 또한 같은 실수를 하고 마는 것이다. 결국 정부와 정치인들이 올바른 결정을 해야 한다는 문제가 남는다.

경제 위기를 타개할 수 있는
비장의 카드

2008년 글로벌 금융위기 이후 전 세계 국가들의 부채 규모가 모두 치솟은 상태다. 중국은 물론 독일 일부 지역에서도 부채 문제가 발생했다. 그러나 한국에게는 북한이라는 카드가 남아 있다. 북한을 잘 활용한다면 다음 경제 위기가 불어닥쳤을 때 다른 국가보다 타격을 덜 받을 것으로 예측한다.

만약 북한이 끝내 경제를 개방하지 않는다면 나는 러시아나 중국에 투자할 것이다. 오늘날 중국은 심각한 오염문제를 겪고 있다. 만약 중국의 환경 분야에 투자한다면 훗날 환경 개선과 관련된 사업을 통해 많은 돈을 벌 수 있을 것이다.

솔직히 말하건대 '북한'이라는 카드가 없다면 나는 한국에 투자하지 않을 것이다. 부채도 빠른 속도로 증가하는 데다 노령화가 진행되고 저출산 현상이 심해지는 등 여러 가지 문제점들을 안고 있는 나라가 아닌가. 한국 경제의 걸림돌인 부채 상황이나 저출산율은 통일이 된다면 해결될 수 있다고 본다.

북한은 사실상 부채가 없기 때문에 북한이 개방되거나 통일이 되면 한반도에서의 전반적인 부채 상황은 급격히 하락하는 모습을 보일 것이다. 다만 한국의 중요 무역대상국인 중국의 부채가 급격히 증가하는 점은 유의해야 한다. 중국 정부가 현재 자신들이 보유한 부채를 줄이려고 하면서 경기가 둔화될 양상을 띠고 있기 때문이다.

한국은 북한이 개방되면 철도와 항만의 건설을 통해 일자리가 급격하게 늘어나는 효과를 얻을 수 있다. 또한 중국과 러시아, 런던까지 교통 인프라가 구축되어 한층 더 전 세계와 연결될 것이다. 그동안 중국이나 일본, 동남아에 비해 관광지로서 주목을 받지 못했었지만, 대륙으로 이어지는 철도와 새로운 항만 시설을 통해 점점 더 세계인들의 관광 명소로 거듭나게 될 것이다.

교통 인프라를 새롭게 구축하는 것 외에도 북한을 활용해 경제를 타개할 수 있는 카드가 남아 있다. 바로 농업 분야다. 현재 북한의 농업 생산 수준이 낮기 때문에 한국의 기술력을 더한다면 농업이 한국 경제를 이끄는 새로운 주축이 될 수도 있다. 그런 취지에서 2014년 방한 당시 나는 "MBA가 무슨 필요가 있을까 싶다. 당장 농대로 가라."고 언급해 한국의 언론매체에 대서특필된 일이 있다. 또 2019년에 한국의 TV 프로그램에 출연해 다시 한번 농업 분야를 강조한 바 있다.

나중에 확인한 바로는 북한에 다양한 종자를 제공해온 아시아 종묘 등 농업 관련주가 상승하기도 했다고 한다. 또 한 가지 의견을 더하자면, 현재 한국 경제에 여성 인력이 지극히 드물다고 판단한다. 출산율을 높이는 문제도 중요하지만, 여성 인력을 확보하는 데 더욱 주목할 필요가 있다.

한국 증시와
투자의 대가들 그리고 나

주식투자자라면 누구나 피터 린치Peter Lynch라는 이름을 들어봤을 것이다. 린치는 1977년부터 1990년까지 13년 동안 마젤란펀드를 운영하면서 연평균 투자수익률 29%를 기록한 전설적인 인물이다. 흥미로운 것은 린치와 그가 거론한 출중한 펀드매니저들 중 여럿이 한국 주식시장과 인연을 맺었다는 점이다. 존 템플턴John Templeton, 워런 버핏Warren Buffett 그리고 나 짐 로저스가 한국 주식에 투자했고 관심을 표명한 대표적인 투자자들이다.

피터 린치,
한국에 너무 일찍 온 투자자

가장 먼저 한국과 인연을 맺은 사람은 피터 린치였다. 그는 1967~1969년 사이에 ROTC 포병 중위로 복무하던 중 텍사스에 배치됐다가 한국으로 근무지를 옮겼다. 그는 전쟁에 휩싸여 위험한 베트남에 비해 한국이 좋은 근무지라고 회고했다. 유일한 단점이라면 주식시장에서 너무 멀었다는 것이라며 아쉬움을 토로했다.

"서울에는 주식시장이 없었다."고 말한 그는 휴가를 받아 미국으로 돌아가면 친구와 동료들이 추천한 인기 주식들을 다양하게 사들이곤 했다. 그런데 린치가 잘못 알았던 사실이 있다. 서울에는 분명 주식시장이 있었다. 한국의 주식거래소는 1956년에 설립·운영됐다. 물론 린치가 서울에 주식시장이 있다는 사실을 알았더라도 한국 주식에 투자하지는 않았을 것이다.

내가 듣기로는 린치가 한국에서 근무했던 무렵인 1969년 말에 상장된 기업 수는 42개에 불과했다고 한다. 심지어 1968년 말에는 34개 뿐이었다(《대한민국 주식투자 100년사》, 2015 참고). 유통되는 주식 물량마저 적어 시장이 급등락하기 일쑤였다. 특히 물가가 급등하는 상황이었기 때문에 주식투자로 높은 수익률을 올리더라도 빛이 나지 않았다.

템플턴,
한국 외환위기 때 온 투자자

가장 먼저 한국에서 기회를 발견한 것은 존 템플턴이다. 세계를 누 빈 '바겐 헌터'라고 불리는 템플턴은 오래전부터 한국에 관심을 가졌 었다. 1983년에 출간된 《템플턴 터치》The Templeton Touch 에는 1960년 대에 그가 일본에 투자한 이야기를 다룬 인터뷰 기사가 실려 있다. 그 는 "일본 다음으로 투자를 생각하고 있는 나라는 어디인가?"라는 질 문에 조금도 망설이지 않고 "한국."이라고 대답했다.

하지만 템플턴은 오랫동안 한국에 투자하지 않았다. 아니, 그보다 투자하지 못한 것이 맞다. 외국 투자자에게 한국 내 투자가 허용된 것 은 1992년이었기 때문이다. 게다가 한국은 자본 규제가 심했다. 특히 외화 반입과 해외 송금에 대한 규제가 매우 까다로웠다.

1997년에는 태국발 아시아 외환위기도 불어닥쳤다. 한국도 같은 해인 1997년 말 IMF 구제금융을 받게 됐다. 수많은 해외 투자자들이 한국 경제의 미래를 어둡게 내다봤지만 템플턴은 역시 템플턴이었 다. 그는 역발상 투자의 대가답게 많은 투자자들과는 정반대로 생각 하고 있었다. 무엇보다 자신의 모토에 부합하는 판단이었다. 그의 투 자 원칙은 이렇다.

'비관론이 극에 달할 때 투자하라! 이것이 나의 첫째 원칙이다!'

'매수하기에 가장 적절할 때는 바로 거리에 피가 낭자할 때다.'

'투자자들이 완전히 빈 유리잔을 볼 때 나는 가득 채워지기를 기다리는 유리잔을 본다.'

템플턴이 한국 투자를 결정하고 실행한 1997년은 그가 84세였던 때였다. 실로 총명한 노익장이 아닐 수 없다. 그는 1998년 1월 〈월스트리트저널〉과의 인터뷰에서 "한국 증시가 거의 바닥까지 내려왔다고 생각한다. 나는 지금까지 항상 가장 비관적인 시점에서 주식을 매수하려고 노력해왔으며 지금 한국 증시가 바로 그 시점에 다다른 것으로 판단한다."고 말했다.

금세기 최고의 투자자 로렌 템플턴이 작은 할아버지인 존 템플턴과의 인터뷰를 바탕으로 쓴《존 템플턴의 가치투자전략》을 보면 템플턴이 한국 증시가 반등하리라고 본 근거는 두 가지였다. 하나는 한국이 자본통제를 하지 않는다면 한국 증시는 외국인 투자자에게 훨씬 더 우호적으로 돌아서리라는 전망이었다. 다른 하나는 주가 하락으로, 주가수익비율PER이 사상 최저 수준인 10 아래로 떨어졌다는 사실이었다.

템플턴은 샌프란시스코의 뮤추얼펀드 '매튜스 코리아 펀드'Matthews Korea Fund를 통해 한국에 투자하기로 했다. 이 펀드는 1997년 미국에서 가장 실적이 저조한 펀드였다. 하지만 템플턴이 단 2년간 펀드투자를 하고서 수익률 267%를 기록했다. 원금은 3.7배로 불어났다. 1999년에 매튜스 코리아 펀드는 최상의 실적을 올린 펀드로 극적으로 변신했다.

이후에도 템플턴은 계속 한국에서 저가 주식을 사들였다. 2004년 8월에는 기아자동차 주식을 매수했다. 당시 기아차는 PER이 4.8배로 매우 낮은 수준이었다. 주당순이익 증가율은 28%에 달하는 데 비해 주가가 너무 낮았던 것이다. 이에 템플턴은 5,000만 달러(한화 약 599억 3,500만 원)를 투입해 기아차 주식을 사들였다. 그리고 1년 4개월 뒤인 2005년 12월 말, 기아차 주가는 174% 급등했다.

영어의 'crisis'에 해당하는 한국어는 '위기'危機다. 흔히 한국인들은 위기라는 단어를 '위기'와 '기회'가 결합된 것으로 풀이한다고 들었다. 즉 '위기 속에 기회가 있다'는 뜻이다. 한국의 외환위기가 곧 위기 속에 기회를 발견하는 대표적인 사례가 된 셈이다. 그리고 그런 위기를 기회로 활용한 투자자가 바로 템플턴이었다.

워런 버핏,
저평가 때 온 투자자

템플턴이 한국에 투자를 한 이후, 위대한 워런 버핏도 한국 증시에 발을 들여놓았다. 버핏은 2006년 버크셔 해서웨이의 주주총회에서

"다시 투자를 시작한다면 어떻게 하겠나?"라는 질문을 받았다. 그는 "내가 3년 전 소규모 투자조합을 시작했다면, 한국에 100% 투자했을 것이다."라고 답했다.

실제로 버핏은 2007년 10월 한국을 처음 방문하면서 2003년 당시 자신의 개인 포트폴리오 대부분을 한국 업체로 구성했다고 밝혔다. 그러면서 2003년 한국 주식시장에는 "PER이 3~4배에 불과한 기업이 많았다."고 설명했다. 그와 버크셔 해서웨이가 저평가된 주식으로 선택한 종목은 포스코, 기아차, 현대제철, 신영증권 등이었다. 이후 주가가 올랐고 그는 포스코를 남기고 모두 처분했다.

버크셔 해서웨이는 2007년에 공개한 2006년 연간 보고서에서 자신들이 보유한 포스코 주식을 밝혔다. 주식 수는 348만 6,000주, 지분은 4.0%였다. 투자자금은 5억 7,200만 달러(한화 약 6,855억 9,920억 원)였다. 2008년 말에는 지분을 5.2%로 확대했다. 2007년 10월 포스코 주가는 72만 원대까지 상승했다. 이 주가를 기준으로 산출하면 버핏과 버크셔 해서웨이의 수익률은 365%에 이르렀다. 버핏은 주식을 계속 보유했다. 2008년 글로벌 금융위기라는 초대형 충격에도 흔들리지 않았다. 그러나 포스코의 주식은 70만 원대를 회복하지 못했다. 점점 하락하다 2015년에는 20만 원 아래로 떨어지기도 했다. 버핏은 기막힌 기회를 포착했지만, 최고의 수익률을 거두지는 못한 듯하다.

한국의 주식시장에 피터 린치는 너무 일찍 찾아왔고, 존 템플턴은 위기의 순간에 찾아왔으며, 워런 버핏은 저평가의 시기에 찾아왔다. 그렇다면 나는 어떠한가. 나는 보다 드라마틱한 한국의 미래를 알리기 위해서 찾아왔다. 한국과 북한의 경제가 통합되면서 펼쳐질 역동적인 변화를 알리기 위해서 온 것이다. 전 세계가 주목하는 변화가 이뤄지기 시작하면 한국 증시는 막대한 에너지를 받고 발산할 것이라 믿고 있다.

JIM ROGERS 5-YEAR KOREAN PENINSULA

INVESTMENT SCENARIO

제 **3** 장

2020-2040
한반도 경제통합 시나리오

짐 로저스는 2032년을 주목한다.
한국과 북한이 서울·평양 올림픽 공동 개최를 추진 중이고,
그 전에 통일될 가능성을 점치고 있기 때문이다.
8천만 인구의 경제통합 한반도에서 펼쳐질
새로운 움직임은 한반도의 모든 인프라를 바꿔놓을 것이다.
짐 로저스 또한 향후 10~20년의 시나리오를 그린다.
주변국과의 정치·경제·안보 관계의 영향에 따라
요동칠 한반도 정세에서 투자 타이밍을 찾긴 어렵겠지만
분명한 것은 북한 시장은 개방될 것이고,
그는 누구도 발견하지 못한 투자처를 탐색 중이라는 것이다.

2020년 말,
남북 교류가 시작된다

한반도에 평화의 바람이 불기 시작하고, 휴전선의 존재가 역사의 기록이 되는 때가 곧 올 것이다. 15년 전《어드벤처 캐피털리스트》에서도 이미 말했지만, "나는 궁극적으로 한반도에 평화와 통일이 자리잡을 것이라고 확신한다".

남·북한이 군사 대치 국면을 끝내고 국경을 개방하려는 시도는 이미 시작되었다. DMZ의 일부 관측초소op가 시범 철수되었고, 일부 지역에서 지뢰도 제거되었다. 나는 2020년 말 이전까지 한반도에서 본격적인 교류가 시작될 것이라고 내다보고 있다. 그런 날이 생각보다 빨리 다가올지도 모른다. 한 사람의 투자자로 바라는 바이기도 하지만, 현재 정세로 볼 때 불가능한 일도 아니라고 생각한다.

　남·북한의 경제통합은 독일과는 다른 방향으로 진행될 것이다. 가장 크게는 경제적 부담을 덜어줄 환경적 요인에 차이가 있다. 독일의 경우, 통일 당시 주변에 붕괴 위기에 놓인 동유럽 사회주의 국가들, 예를 들어 헝가리, 폴란드, 체코슬로바키아(1993년 각각 체코와 슬로바키아의 두 공화국으로 분리되었다)와 같이 자금력이 취약한 나라로 둘러싸여 있었다. 때문에 독일과 주변국 간 외부의 투자 자본을 서로 차지하기 위해 경쟁이 치열했다. 반면 북한은 중국, 러시아 등 투자 여력이 풍부하고 비교적 경제적으로 안정적인 국가에 둘러싸여 있다. 또한 이들 국가 간 관계는 상호 이해관계가 성립되는 사안들을 바탕으로 매우 우호적이다. 더불어 동독과 달리 북한에는 천연자원이 풍부하다는 점도 투자자들의 기대를 모으는 조건이다.

　내 개인적인 생각을 말하자면 기본적으로 통일의 방식은 흡수 통일보다는 연방제가 좋다고 생각한다. 연방제는 쉽게 말해 상호 경쟁 시스템을 구축하는 방식이다. 한국과 북한을 놓고 저울질을 하는 투자자들에게는 양질의 거래를 성사시킬 수 있는 환경이 조성되는 것이다. 예를 들어 투자자가 "만일 저희의 조건으로 계약이 불가능하다면, 저희 회사는 더 좋은 조건을 찾아 북한과 거래하겠습니다." 혹은

"한국과 거래하겠습니다."와 같은 식의 대화가 오가는 상황이 연출될 수 있다.

단, 나는 남·북한 정부가 경제 개발을 위해 정부가 앞장서서 '협력'을 내세워 움직이려는 시도에 대해서는 부정적이다. 두 정부 모두 경제 교류가 이뤄지도록 투자자들에게 활로를 열어주는 것 외에는 직접적으로 개입하지 않기를 바란다. 역사적으로 보더라도 정부가 민간이 주도하는 경제활동에 개입하지 않는 모델이 가장 빠른 성장 속도를 보여왔다. 성장을 이끄는 것은 사업가들이고, 남·북한 경제협력의 성공은 오로지 그들의 손에 달렸다고 생각한다.

벽이 허물어지는 순간
거대 자본이 흐른다

한국과 북한 사이의 국경이 없어진다는 의미는 양측 정부가 현재 군사력 유지와 확충에 낭비하고 있는 자원을 아낄 수 있다는 의미다. 북한 정부에서 발표하는 공식 자료는 없으나 추정을 통해 발표되는 각종 자료를 분석해보면, 현재 한국뿐만 아니라 북한 역시 국방비로 천문학적인 금액을 낭비하고 있다. 한국은 연간 360억 달러(한화 약 43조 1,568억 원) 넘게 국방비를 지출하고 있고, 북한은 최대 약 100억 달러(한화 약 11조 9,880억 원)를 쏟아붓고 있는 것으로 추측된다. 북한

주요 국가 GDP 대비 국방비 평균 규모

	GDP 내 국방비 지출 규모	금액
북한	15~24% +α	34~95억 달러
미국	3.3%	5,960억 달러
한국	2.6%	364억 달러
중국	1.9%	2,148억 달러
일본	1.0%	409억 달러

* 2002~2012년 국가별 국방비 발표 자료 기준
* 북한의 2015년 국방비 자료 제외됨

출처: 〈월스트리트저널〉

의 국방비 지출을 언급하며 '쏟아붓고'라는 표현을 쓴 것은 경제 규모에 비해 막대한 비중을 투입하기 때문이다. 북한의 GDP 대비 국방비 비율은 최대 20%가 넘는 경우도 있다.

현재 알려진 국방비 규모만 놓고 보더라도 종전선언이 이뤄지고 남·북한의 경제 교류가 본격적으로 시작된다면, 어마어마한 규모의 예산을 확보할 수 있게 된다. 정치인들은 그동안 국방비로 낭비되던

자원을 모두 양국의 국민들에게 되돌려줘야 한다. 혹은 인프라 건설이나 다른 생산적인 자원 확충을 위해 써야 한다.

일단 국경이 열리면 어떤 방식으로든 사람들이 남과 북을 오가고 사업이 진행되면서 북한으로 돈이 유입될 것이다. 다른 무엇보다 이러한 변화가 중요하다. 이미 김정은은 북한 내에 여러 곳의 자유무역 지대를 조성했고, 적극적으로 투자 유치에 나설 것이다. 또한 전 세계를 상대로 북한이 좋은 투자처라는 것을 알리는 데 주저하지 않을 것이다.

다만 투자에 대한 규제를 어느 정도 수준으로 유지하는지를 예의 주시해야 한다. 앞서 한국은 외국인 투자에 대한 엄격한 규제로 인해 외국인 투자자들이 흥미를 갖지 못한다고 밝힌 바 있다. 북한 역시 마찬가지다. 북한 정권은 공산주의 체제하에서 외부의 요인에 크게 영향을 받지 않도록 제한을 두고 있다. 심지어 중국을 통한 투자 외에는 다른 방식의 투자를 심각하게 제한하는 경향이 있다. 실제로 2007~2008년 무렵, 내가 북한의 자원과 원자재에 관심을 갖고 조사를 하던 중에 목격한 바로는 이미 중국 기업들이 광산에 대한 투자나 장기 구매 계약 방식으로 채굴을 마무리해 북한 내의 거의 모든 무연탄을 쓸어 담고 있었다. 〈포브스〉 보도에 따르면 2013년에는 10억 3,700만 달러(한화 약 1조 2,431억 원) 수준의 석탄과 2억 9,400만 달러(한화 약

3,524억 4,720만 원) 수준의 철광석을 채굴해간 것으로 파악된다. 마찬가지로 중국이 북한의 희토류 광물도 손을 대지 않았으리라 보장하지 못한다.

한국의 투자 규제 상황과 북한의 폐쇄적인 경제 환경을 개선하려면, 남·북한 사이에 장벽이 허물어지고 교류가 시작되기 전부터 남·북한의 체질 개선에 들어가야 한다. 무엇보다 각종 규제와 행정법을 완화하고 개선해 외부의 수많은 자본을 적극 활용해야 할 것이다. 지금도 수많은 투자자들이 중국과 러시아가 선점한 북한의 투자시장에 뛰어들 준비를 하고 있다. 나를 포함한 신흥 사업가와 투자자들에게 한반도에서 펼쳐질 투자의 흥미롭고 새로운 흐름을 만들 수 있는 많은 기회가 주어지길 기대한다.

독일이 부러워한
개성공단 10년의 실험

한반도는 남과 북으로 나뉜 지 70여 년이 지나도록 아직 통일을 이루지 못했다. 이미 1990년에 통일을 이룬 독일 사람들이 분단된 한반도를 보면서 경탄하는 곳이 있다. 바로 개성공단이다. 그들은 "통일 전에 수많은 인적·물적 교류를 했지만 양국(동독과 서독)이 협력하여 개성공단과 같은 사업을 운영해볼 생각은 미처 하지 못했다."고 말한다.

서울대 통일평화연구원 김병로 교수는 《개성공단: 공간평화의 기획과 한반도형 통일프로젝트》(2015) 서문에서 위와 같이 밝히고 있다. 그러면서 독일 사람들은 개성공단을 보고 경탄하기도 하지만, 쉽게 납득

하지도 못한다고 한다. 전쟁과 수백만의 살상의 결과로 여전히 적대와 불신이 존재하며 DMZ 안에 엄청난 화력과 병력을 집결시킨 상황에서도 한국과 북한이 공업단지를 운영하고 관광산업을 공유하고 있는 한반도의 현실을 쉽게 이해하지 못하는 것이 어쩌면 당연하다.

북한은 개성공단을 통해 경제적 잠재력을 보여줬다. 북한에 투자를 할 목적으로 관심을 갖는 사람이라면 이런 의문을 품을 수 있다. '과연 북한이 베트남이나 미얀마와 비교할 때 저임금 외에 경쟁력이 떨어지지 않을까?' '1986년 개혁·개방 정책인 '도이 머이'를 기점으로 외국 기업을 유치하고 경제를 성장 궤도에 올려놓은 경험이 있는 베트남에서 기업 활동을 하는 것이 북한에 비해 훨씬 수월하지 않을까?' 실제로 개성공단에 진출한 기업의 사례를 통해 북한의 잠재적 경쟁력과 투자의 방향에 생각해보자.

중국이나 한국보다 생산효율·품질 우수

태성산업은 화장품 용기를 생산하는 기업이다. 이 회사는 2000년 이후 연 100% 이상의 매출 성장률을 기록하면서 사업확대와 생산설비 확충을 계획했다. 처음에는 중국 칭다오에 신규 공장을 짓는 방안을 추진했다. 그러던 중 개성공업지구 시범단지 사업을 접하고서, 개성공단에 디자인·설계·금형·사출·가공·조립 등의 시스템을 갖춘 제2공장을 짓고 가동했다. 제2공장은 일본 기업 하타와 합작으로 설립한 태성하타가 운영했다. 태성산업은 왜 개성공단을 택했을까?

오성창 전 태성하타 법인장은《개성공단: 남북경협과 평화의 보루》 (2014)를 통해 태성산업이 칭다오 대신 개성을 선택한 이유를 밝히고 있다. "우리 기술과 독자적 상품개발 능력을 북한의 저렴한 토지 및 노동력과 결합하면 원가 경쟁력이 있고 성과를 거둘 수 있다. 개성은 지리적으로 가까워 중국이나 동남아에 비해 물류비 절감이 가능하다. 또 문화적 이질성과 언어 장벽이 없어 더 용이하게 관리자와 노동자를 교육해 생산성을 올릴 수 있다."

태성산업은 개성공단에서 가동 첫 해를 제외하고 2006년부터 이익을 냈다. 2005년 진출 당시 북쪽 453명, 남쪽 28명, 외국인 기술자 2명 등 총 483명이던 고용 인원은 2014년 9월 현재 북쪽 845명, 남쪽 28명 등 총 873명으로 늘어났다. 태성산업이 개성공단에서 어떻게 성과를 냈는지 더 들어보자. 오 전 법인장은 "개성공장 외에도 남쪽에 공장이 세 곳 있지만 최근 들어(2014년 당시) 바이어들은 개성에서 생산된 제품을 더 선호하는 경향이 있다."면서 그 이유가 "품질이 더 뛰어나기 때문"이라고 말했다. 개성공단 제품의 품질이 한국공장 제품의 품질보다 뛰어난 이유에 대해 그는 "개성공단의 노동자는 10년 가까이 같은 작업을 하다 보니 숙련공이 된 데 비해 남쪽 노동자는 대부분 외국인 노동자들로 이직이 잦아 생산성이나 품질이 떨어진다."고 설명했다.

개성공단의 경쟁력 요소 중 하나인 '저렴한 토지'는 조금 특별한 케이스다. 원칙대로라면 북한 정부가 개성공단의 땅을 제공하고 임대료를 받아야 한다. 그러나 북한은 한국토지공사와 합의해 2005년부터 10년 동안 입주기업의 토지사용료를 면제해주었다. 개성공단에 진출한 기업들은 임대료를 부담하지 않는 유리한 조건에서 기업활동을 할 수 있었던 것이다.

입주사 78%가 미래 낙관, 69%가 확대 의향

개성공단에 입주한 기업들을 살펴보면 개성공단 사업은 1,000만 달러(한화 약 119억 9,000만 원) 이하로 투자한 소규모 임가공 위주였다. 전체 123개 기업의 공장 및 설비투자 규모는 모두 6억 달러(한화 약 7,194억 원)로, 평균 490만 달러(한화 약 58억 7,510만 원)였다. 업종은 섬유가 52%로 가장 많았고, 이어서 기계(19%), 전기전자(11%), 신발(7%), 화학(7%) 순이었다.

개성공단 가동 10년을 맞이해 2014년에 실시된 설문조사(입주기업 123곳 중 36곳, 29%가 응답)에 따르면 입주기업의 92%가 개성공단이 해외는 물론 국내의 공단보다도 경쟁력이 높다(매우 높다+다소 높다)고 평가했다. 개성공단의 경쟁력 요소와 관련해서는 42%가 '저렴한 노동력'

2005~2016 연도별 개성공단 현황

연도별 입주 현황(단위: 개사)

구분	2005년	2006년	2007년	2008년	2009년	2010년	2011년	2012년	2013년	2014년	2015년
합계	18	30	65	92	116	121	123	123	125	125	125 (123)

연도별 생산액(단위: USD 1,000%)

구분	2005년	2006년	2007년	2008년	2009년	2010년	2011년	2012년	2013년	2014년	2015년
합계	14,906	73,737	184,779	251,422	256,475	323,323	401,848	469,500	233,784	469,965	563,298
	–	(394.7)	(150.6)	(36.1)	(2.0)	(26.1)	(24.3)	(16.8)	(△52.3)	(110.0)	(19.9)

연도별 근로자 현황(단위: 명)

구분	2005년	2006년	2007년	2008년	2009년	2010년	2011년	2012년	2013년	2014년	2015년
북한 인원	6,013	11,160	22,538	38,931	42,561	46,284	29,866	53,448	52,329	53,947	54,988
남한 인원	507	791	785	1,055	935	804	776	786	757	815	820

출처: 개성공업지구지원재단

을 꼽았다. 이어 '동일한 언어'가 36%, '지리적 이점'이 22%로 조사됐다. 지리적 이점은 의류처럼 유행에 민감한 제품을 주문에 따라 신속하게 생산하고 운송하는 데 도움이 된다는 주관식 답변이 나왔다.

서울대 경제학부 김병연 교수는 앞서 언급한 김병로 교수와의 공저서를 통해 "(개성공단) 북한 근로자의 인건비는 2013년 현재 138달러(한화 약 16만 5,462원)"라면서, 이는 "잠재적 경쟁 대상인 다른 나라에 비해 현저히 낮은 수준"이라고 비교했다. 중국 단둥에서 북한 노동자를 고용해 생산하는 경우 개성공단 인건비의 2.2배가 든다. 베트남이나 미얀마의 인건비는 개성공단에 비해 1.7~2.2배가 든다.

개성공단의 향후 전망에 대해서는 입주기업의 78%가 긍정적(매우 긍정 22%, 긍정 56%)이라고 응답했다. 정부가 허용할 경우 투자를 확대할 의향이 있는가 하는 질문에는 69%가 긍정적으로 답했다.

개성이 다시 성문을 여는 날을 고대하며

북한 경제를 낙관적으로 보는 전망에 대해 많은 사람들이 반드시 질문하는 것이 있다. 바로 북한과 관련해 투자할 주식이 무엇인지를 묻는다. 하지만 짐 로저스를 비롯해 많은 투자 전문가들이 북한 관련 종목을 거론할 수 없는 실질적인 이유가 있다. 현재 개성공단을 중심으로 한 한국의 대對북한 투자와 사업은 중단된 상태이기 때문이다. 그동안 개성공단을 통해 공장을 돌리고 재미를 본 한국 기업들은 공단이 폐쇄된 이후 대부분 경영에 어려움을 겪고 있는 실정이다.

지금의 상황만으로 개성공단을 실패라고 보기에는 이르다. 북한은 개성공단을 통해 경제발전의 잠재력을 확인했다. 한국은 북한의 저렴한 인력과 함께 일하는 방법을 터득했다. 북한의 많은 주민들은 자본주의 환경에서 일하는 습관을 몸에 익혔다. 이러한 경험들이 북한의 자본주의적인 발전과 개방에 큰 밑바탕이 될 것이다.

개성開城의 한자를 풀이하면 성을 '연다는 뜻'이다. 도시의 이름처럼 개성은 북한의 개방과 발전을 향한 실험의 공간으로 제 역할을 톡톡히 했다. 언젠가 한국과 북한의 교류가 다시 회복되면 개성이 북한의 미래를 향해 개방하는 관문으로 다시 한번 거듭날 날이 올 것이다.

개성공단 일지

· 2000년 8월 현대아산－북한, '공업지구 개발에 관한 합의서' 채택

· 2002년 11월 북한, '개성공업지구법' 제정

· 2003년 6월 개성공단 1단계(330만 제곱미터) 건설 착공

         8월 남북, 투자보장 등 4개 경협 합의서 발효

· 2004년 6월 개성공단 시범공단 준공, 15개 입주기업 계약 체결

        12월 개성공단 첫 시제품 생산

· 2006년 5월 개성공단 1단계 토지조성공사 완료

        11월 개성공단 북한노동자 1만 명 고용 돌파

· 2007년 5월 한국, '개성공업지구 지원에 관한 법률' 제정

· 2008년 3월 북한, 남측 당국 인원 전원 철수 요구…남측 당국자 11명 철수

        11월 개성공단 누적 생산액 5억 달러 달성

        12월 북한, 개성공단 상주 체류 인원 880명으로 제한

· 2009년 3월 북한, 한미연합(키 리졸브)훈련 기간 육로통행 차단

	6월	북한, 임금 월 300달러·토지사용료 5억 달러 요구…한국, 거부
	9월	북한, 상주 체류 인원 제한 해제…경의선 육로통행 정상화
• 2010년	5월	정부, 천안함 관련해 개성공단 신규투자 금지
• 2013년	3월	북한, 판문점 직통전화 차단…개성공단은 정상 가동
	4월	북한, 개성공단 북한노동자 전원 철수…가동 중단
	5월	개성공단 남측 체류 인원 전원 철수
	8월	남북, '개성공단 정상화를 위한 합의서' 채택…남북공동위원회 구성
	9월	개성공단 재가동
• 2015년	2월	북한, 개성공단 최저임금 5.18% 인상 일방 통보
	8월	남측 개성공단관리위원회-북측 중앙특구개발지도총국, 개성공단 최저임금 5% 인상 합의
• 2016년	2월	북한 4차 핵실험
	2월 7일	북한, 함경북도 철산군 동창리 발사장서 미사일 발사
	2월 10일	정부, 개성공단 전면 중단 발표

남북이 해소해야 할 격차 1:
인구·경제

한반도에서 통일이 이루어지고 나면, 소련 붕괴 후 동유럽에서 발생했던 수준의 혼돈을 북한이 겪을 거라고 많은 사람들이 말한다. 내 생각은 그렇지 않다. 물론 소련 붕괴 당시의 환경은 아무것도 갖춰지지 않았다고 말할 만큼 열악했다. 심지어 소련 정부의 일원으로서 공장의 운영을 책임지던 한 소련 정부 소속 관리자가 앞으로 공장을 자신이 소유한다고 말해도 어느 누구도 이의를 제기하거나 반대할 방법을 찾지 못했다. 세상이 어떻게 돌아가는지 파악조차 하지 못한 사람들에게 관리자는 이렇게 말했을 것이다. "과거 우리는 소련 정부 소속 공무원들이었죠. 여러분들은 이 공장에 계속 출근해도 됩니다. 이제부터 봉급은 제가 드릴 겁니다." 이런 급격한 변화는 소련 사람들에게 너무나 큰 혼돈을 주었을 것이다.

하지만 남·북한은 통일 이후 소련보다 훨씬 더 작고 집중된concentrated 국가가 될 것이라 예측할 수 있다. 소련이 붕괴할 당시에 겪어야만 했던 혼돈은 발생하지 않을 것이다. 예를 들어 소련은 11개 이상의 시간대와 약 1억 명 이상의 인구로 이루어져 있었던 반면, 북한의 현재 인구는 최대 약 2,500만 명으로 추산되고 있다. 통일 이후 한반도 주변국과 소련 붕괴 이후 동유럽 상황 또한 매우 다르다. 단순히 물리적 상황만을 비교해봤을 때 변화와 혼돈의 폭은 상대적으로 작을 것이라 예측할 수 있다.

남·북한 인구와
GDP 격차가 의미하는 것

문제는 한국의 인구가 북한보다 훨씬 많다는 점이다. 북한 인구는 2,525만 명이고, 한국 인구는 5,170만 명이다(통계청, 〈장래인구추계〉, 2019 기준). 거의 2배 수준이다. 또 한국이 북한보다 훨씬 더 부유하다. 하지만 미리 밝히건대 나는 정부에서 발표하는 데이터를 믿지 않는다. 특히 내가 투자하려는 대상의 주요 변수로 보지 않는다. 다만 여기서는 남·북한의 경제 격차 현실을 간단히 살펴보기 위해 GDP 수치를 들어 이야기하겠다. OECD에서 발표한 2018년 한국의 1인당 GDP는 40,096달러(한화 약 4,799만 원)였다. 북한의 경우 경제 데이터를 공식적으로 거의 공개하지 않기 때문에 한국은행과 미국 CIA에서 수집한 광범위한 정보를 토대로 북한의 연간 GDP 증가량을 발표한다. CIA의 월드 팩트북 The World Factbook 자료에 따르면 2016년 북한의 1인당 GDP는 약 1,500달러(한화 약 179만 원)다. 같은 해 한국의 1인당 GDP는 39,828달러(한화 약 4,767만 원)로, 한국은행은 북한의 GDP 수준을 한국의 약 20분의 1 수준일 것으로 보고했다.

북한 GDP 변동에 영향을 미친 분야로는 전력, 석탄, 금속 및 제조업이 각각 전년(2015년) 대비 감소하였다. 농업의 경우 비교적 개선된 양상을 보였으나 정부와 민간서비스는 감소한 것으로 보고 있다. 대북 재제의 영향에 따른 수출 급락과 수확 부진으로 2017년 GDP 변동은 긍정적으로 보기는 어렵겠지만, 2016년 북한의 GDP 증가율로 추정되는 4%는 1999년 이후 가장 빠른 성장세를 드러낸 것이라는 논문이 발표된 바 있다

남·북한 인구 불균형과 GDP 격차가 통일 이후의 한반도에 어떤 영향을 미치게 될까? 무엇보다 나는 국경이 사라진 한반도에 '기회'가 찾아올 것이라고 생각한다. 남·북한이 각자 떠안고 있는 문제들

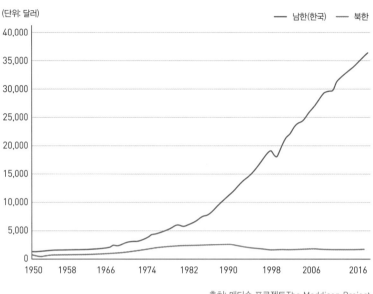

남·북한 1인당 국내총생산(GDP) 변동 추이

(단위: 달러)

—— 남한(한국)   —— 북한

40,000

35,000

30,000

25,000

20,000

15,000

10,000

5,000

0

1950   1958   1966   1974   1982   1990   1998   2006   2016

출처: 매디슨 프로젝트The Maddison Project

을 살펴보면 그 이유를 찾을 수 있다. 한국은 낮은 출산율, 고령화의
문제를 안고 있다. 북한도 인구 증가율은 매우 느린 편이다. 하지만
두 나라가 합쳐질 경우 남·북한이 가진 인구 조건과 환경을 고려했
을 때 인구가 대폭 늘어나는 효과는 물론, 저출산과 인구 증가율의 문
제는 완화될 가능성이 높다.

GDP 성장 곡선의 경우, 세계적으로 여러 나라가 이미 부침을 겪고

있다. 특히 한국은 매우 놀라운 GDP 성장률을 보였지만, 1990년대 ~2000년대 초반보다 성장률이 현격히 떨어지고 있다. 일본의 경제 성장 모델과 비슷한 전략으로 성공한 한국과 마찬가지로 중국이 뒤따라 경제를 성장시키고 있기 때문이다. 그동안 한국은 섬유, 가전, 철강, 조선, 화학, 자동차, 반도체 등의 산업 분야에서 일본을 따라잡았다. 특히 반도체와 조선 등의 산업은 일본을 추월하는 수준에 이르렀다. 중국도 과거 한국이 그랬던 것처럼 정부 주도의 수출산업 육성 전략을 밀어붙여 주요 산업에서 자국 업체를 세계적인 규모로 키워냈다. 중국에 꼬리를 잡힌 한국은 경제에 활력을 불러일으킬 만한 새로운 성장 동력을 장착하는 일에서도 이렇다 할 성과를 내지 못하고 있다. 하지만 통일 이후 경제가 통합된 한반도에서는 전혀 다른 양상을 띠게 될 것이다.

인구 8천만의 경제대국
세계 2위로 급부상할 한반도

만약 한국이 북한과의 경제교류를 통해 성장 동력을 새롭게 발견한다면 GDP 증가를 다시 촉진시키는 계기가 될 것이다. 투자자의 입장에서 볼 때 현재 북한의 낮은 GDP는 '저평가된 종목'이라 할 수 있다. 다량의 노동력과 GDP의 140배에 달하는 풍부한 광물자원을 가진 북한이 개방되고 성장하는 순간, 어떤 나라보다도 빠른 시일 내에 높은 성장률을 기록할 수 있을 것이다.

한편 북한은 1970년대에 한국보다 부유했던 기억을 갖고 있을 것이다. 비록 공산주의 체제가 모든 것을 무너뜨렸지만 그들은 언제든 다시 성실하게 성장하고 성공할 수 있는 잠재력을 가진 나라다. 더욱이 남·북한의 DNA는 같다. 한국이 이뤄온 경제 성장 곡선과 기록을 봤을 때, 통일 이후 8천 만 인구가 그려나가게 될 미래가 기대된다. 2009년에 발표된 골드만삭스 보고서가 말한 바와 같이, 경제통합 한반도는 일본의 GDP를 가볍게 넘어서는 것은 물론, 세계 2위 경제대국이 될 가능성이 크다.

남북이 해소해야 할 격차 2 : 산업

북한의 경제 규모는 세계에서 어느 정도 위치에 있을까? CIA의 월드 팩트북에 따르면, 2017년 기준 북한의 구매력평가기준Purchasing-Power Parity, PPP 1인당 GDP 순위는 215위(1,700달러)다. 평가의 기준을 비교하기 위해 덧붙이자면 인도가 157위(7,200달러), 가나 173위(4,700달러), 르완다 206위(2,100달러), 예멘 222위(1,300달러)다. 참고로 한국 47위(39,400달러), 중국 108위(16,700달러), 일본 42위(42,800달러), 미국 19위(59,500달러)다. 이 PPP 수치는 물가와 환율 영향을 제외하기 때문에 실질적인 생활 수준의 가늠자가 된다.

경제 지표에서뿐만 아니라 북한의 전반적인 실생활 환경은 국제적 비교에서 더욱 뒤처진 것이 현실이다. 인프라는 바닥 수준이어서 철도, 항구, 건설 등 대부분의 시설을 재건해야 할 상황이다. 또 자본이 없기 때문에 에너지 등 모든 것이 저렴하다. 콜롬비아나 베네수엘라처럼 내전을 겪은 국가들이 그렇듯, 온 나라가 폐허에 가까운 상황에 처한 곳은 자본이 투자되길 바란다. 물론 투자자들에게 매우 좋은 기회다. 말하자면 '아무것도 없는' 나라는 모든 것이 투자 대상이 된다.

북한 산업 분야의
잠재된 역량과 가능성

북한의 GDP를 구성하는 산업 비중을 살펴보면 서비스업(32%), 농림어업(23%), 제조업(20%), 광업(12%) 순이다. 제조업과 광업 분야의 비율이 낮은 이유는 '계획경제'의 영향도 크지만, 핵무기 프로그램 개발 이후 국제사회에서 가해진 대외 무역 제재로 인한 결과라고 할 수 있다. 북한 정권은 '자력자강, 자력갱생'이라는 구호에 따라 필요한 모든 것을 소량 생산 하도록 하고 지역적 규모에 맞게 폐쇄적 관행을 장려했다. 그 결과 생산 시스템은 비효율적으로 운영되었고, 상품의 품질 또한 떨어지고 수량마저 계속해서 부족해지는 문제가 발생하면서 관련 산업 전반이 계속해서 약화되었다.

한편 북한의 농업 노동 생산성은 다른 산업보다 훨씬 낮다. 농업 분야에서 현대화가 이뤄지지 못했고, 연료 부족으로 인해 농기계 사용마저 점차 줄어들었다. 1960~1970년대에는 과도한 화학비료를 사용해 토양이 황폐해짐에 따라 비생산적인 땅이 늘어나게 되었다. 전반적으로 생산성이 대폭 떨어질 수밖에 없는 환경에 처한 것으로 보인다. 게다가 농업에 종사하는 인구는 전체 인구의 3분의 1에 해당한다. 이는 근로자당 연간 생산액이 1,000달러(한화 약 119만 원) 수준에 불과하다는 것을 의미한다. 한국의 고령 농부들도 그보다 15~20배에 달하는 더 많은 생산액을 만들어내고 있다는 사실을 고려하면 참담한 수준이다.

이러한 북한의 산업 환경에 개방의 문이 열리고 자본과 기술이 유입되면 어떤 영향을 미칠지는 누구라도 어렵지 않게 그릴 수 있다. 외부 요인에 따른 성장 가능성뿐만 아니라 북한의 값싸고 숙련된 노동력은 건설을 비롯해 다양한 유형의 제조 및 섬유 생산에 큰 원동력이 될 것이다. 또한 수출의 견고한 기반이 되어줄 것이며 북한 인프라 재건에도 큰 역할을 할 것이다.

북한 무역의 활로를
열어주게 될 한국

현재 북한의 대외무역 상황은 외부에 비춰지는 그대로다. 수출과 수입을 전적으로 중국에 의존하고 있는 현실이다. 무역 현황을 구체적으로 살펴보면(〈2018 북한 주요통계지표〉, 통계청 참고) 북한의 무역총액 추계치는 55억 5,000만 달러(한화 약 6조 6,550억 원)로, 한국의 1조 521억 7,300만 달러(한화 약 1,261조 6,606억 원) 대비 190분의 1 수준으로 나타났다. 수출액은 18억 달러(한화 약 2조 1,580억 원)로 남한의 5,737억 달러(한화 약 687조 8,089억 원) 대비 324분의 1 수준이며, 수입액은 38억 달러(한화 약 4조 5,558억 원)로 한국의 4,785억 달러(한화 약 573조 6,736억 원) 대비 127분의 1 규모다. 2006년 기준으로 북한의 대표적인 교역 파트너는 중국, 한국, 인도, 러시아 순이었다. 그러나 10년 후 2016년, 북한의 무역은 유엔의 제재 조치와 급격히 경색된 남·북한 정세의 영향으로, 무역총액 중 91% 가량을 중국과의 수·출입만으로 채우고 있다.

문제는 북한이 중국과의 교역에서 17억 6,000만 달러(한화 약 2조 1,100억 원) 수준의 적자를 발생시키고 있다는 점이다. 북한의 낙후된 산업 수준은 단순히 무역량이 증가한다고 나아질 수준이 아니다. 직접적이고 현실적인 변혁이 필요한 시점이다. 대부분 그 해답으로 남

	단위: 100만 달러	작년 동월 대비 변화율
중국(12월)	308	−51
인도(11월)	3.6	−55
필리핀(11월)	2.8	유의미한 변화 없음
스리랑카(12월)	2.1	+10
러시아(11월)	1.3	−78
홍콩(11월)	1.1	+98
가나(11월)	1.0	유의미한 변화 없음
EU(12월)	1.0	−6.5
스위스(11월)	0.6	유의미한 변화 없음
브라질(9월)	0.3	−42

출처: 글로벌 트레이드 아틀라스Global Trade Atlas

북경협을 제시한다. 남·북한 교류가 시작되고 북한의 전력과 철도, 도로 등이 한국과 중국, 러시아 국경을 넘어 유라시아로 이어지게 되면 현재 북한에서 가장 큰 산업인 관광산업 또한 더욱 활성화될 것이다. 또한 이를 통해 북한 경제 전반에 걸쳐 성장을 이룰 수 있게 된다. 분명 한국 기업과 자본은 북한의 막힌 무역 활로를 뚫어줄 핵심 열쇠가 될 것이다.

2018년 남북 정상 간의 대화에서 김정은이 북한의 열악한 철도와 도로 시설에 대해 언급했듯 국경 개방 이후 북한에서 가장 크게 성장하게 될 분야로 건설 시장을 꼽을 수 있다. 현재 북한 전체에 깔려 있는 도로는 20,000~31,200킬로미터인 것으로 추정된다. 포장도로는 10% 수준으로 대부분 비포장도로라고 한다. 한국의 전체 도로가 약 257,913킬로미터인 데 비하면 턱없이 짧은 실정이다. 따라서 비슷한 환경에서 경험이 풍부한 한국 건설산업이 북한의 건설 환경에 미칠 영향은 상상만 해도 엄청나다.

관광과 인프라 산업 분야도 기대해볼 만하다. 현재 내가 사외·사내이사로 각각 몸 담고 있는 아난티(리조트 전문 개발업체로, 금강산에 골프장 리조트를 운영하였으나 현재 사업은 중단된 상태), 나노메딕스(소방차 제작 및 소방제품을 생산·판매하는 기업으로, 2019년 고밀도탄소재료인 그래핀 개발과 제조·공업에 신사업 투자를 진행 중)도 북한의 빗장이 열리면 인프라 개발과 산업 시장에 빠른 시일 내에 영향을 미치게 될 기업들이다.

남북경협에 대비해 미리 움직임을 보이는 한국 기업이 아직까지는 없는 듯 보이지만, 대북 태스크포스TF를 구성해 물밑에서 연구를 활발히 진행하고 있는 것으로 알고 있다. 세계의 어떤 기업보다 한국 기업은 북한의 개발과 시장 개방에 가장 좋은 여건을 갖고 있다. 지역적으로 가깝고 육로로 이동할 수 있을 뿐만 아니라, 동일한 언어를 쓴다는 점까지 더해져 가히 독보적 위치에 있다고 할 만하다. 한국 기업만이 가진 이점들을 적극적으로 활용해 대북사업 관련 숙제를 하루빨리 풀어나가야 한다. 누구보다 가장 빠르게 투자 수익을 선점할 수 있는 기회가 생각보다 아주 금방 다가올 것이기 때문이다.

북한 경제의 핏줄
'장마당'에 주목하라

북한의 경제는 시장의 확대에 힘입어 성장하고 있다. 북한의 시장은 북한의 경제가 몰락한 1990년대부터 자생적으로 생겨난 '장마당'이 근간을 이루고 있다.

장마당이란 허가를 받지 않은 비공식 시장을 의미한다. 북한 정부는 주민들에게 '고난의 행군'을 강요했지만, 이 구호는 이미 몰락해버린 북한의 경제난을 극복하는 데 도움이 되지 않았다. 게다가 배급 시스템마저 무너져버리자 북한 사람들은 유무상통을 위해 자생적 시장을 만들어 낸 것이다. 주민들은 당시 제 구실을 하지 못하던 국영상점 대신 장마당에서 물건을 팔아 생계를 꾸려가거나 식량 같은 생필품을 구했다. 장마당이 활발해지면서 중국과의 무역도 확대됐다.

종합시장 중심으로 연관 산업 발달

2003년 장마당은 '종합시장'으로 합법화됐다. 사실상 품목 제한이 없다는 의미에서 '종합'이라는 이름이 붙었다. 비상설 10일장인 '농민시장'에서는 거래 품목이 농산물로 한정된다. 북한의 종합시장은 생각보다 훨씬 더 외형이 크고 북한 내에서 큰 역할을 수행하며 종사자도 많다. 북한에서 가장 큰 시장은 함경북도 청진시의 수남시장이다. 면적만 따지면 서울 동대문시장의 2배나 되고, 매대는 1만 7,000여 개에 이른다. 평양직할시에는 30여 곳의 종합시장이 있는데, 그중에서 통일거리시장은 동대문시장보다 크다.

북한의 종합시장은 지역 특성에 따라 전문화되고 있다. 북한 전역에 걸쳐 도매시장 역할을 하는 곳이 있고, 신의주에 있는 시장의 경우 중국 상품을 수입해 북한 전역에 유통하는 기능에 특화된 곳도 있다. 평양시에는 고가 수입품을 주로 판매하는 곳도 있다. 종합시장 외에 국가가 주도해 확충한 백화점이나 슈퍼마켓 같은 대형 매장도 발달했다. 국영 매장에서는 휴대전화를 비롯한 정보통신 제품이나 축산물 같은 고급 소비재가 거래된다.

북한의 종합시장은 현재 500여 곳으로 알려져 있다. 국가정보원에서는 2017년 2월 기준 439곳으로, 통일연구원에서는 2016년 12월 기준 404곳으로 추정한다. 확실한 것은 종합시장이 빠르게 증가했다는 사실이다. 2010년 말에 200여 곳으로 추정됐으니 9년 만에 2.5배 가까이 늘어난 셈이다.

또 통일연구원에서는 종합시장 상인이 2016년 말 기준 최소 110만 명이라고 추정했다. 매대당 상인을 1명으로 잡은 수치다. 가구당 가구원을 4명으로 치면 440만 명 이상의 주민이 종합시장을 통해 생계를 꾸려 간다는 말이다. 전체 인구 2,500만 명 중 18%가 종합시장에 생계를 직접 의지하는 셈이다.

종합시장에는 매대 상인뿐만 아니라 다양한 참여자들이 종사한다. 과거에는 주로 북한 화교, 귀국자, 농민 등이 상품 공급자 역할을 담당했었다. 이제는 무역회사가 제1의 상품공급자 역할을 한다. '왕도매상'이라고 불리는 상인은 주로 밀무역을 통해 소비재를 대량으로 수입해 중간 상인 등에게 공급한다. 가내 수공업자, 수공업 업체, 공장 등도 종합시장을 통해 상품과 중간재를 거래한다. 또 시장 주변에서 의류봉제업을 비롯해 제조업이 등장했다. 시장이 성장하면서 운수업과 창고업, 숙박업, 요식업도 함께 증가했다. 북한 정부도 시장을 통해 재정을 확충하고 있다. 이제 북한에서도 시장이 경제의 핏줄로 자리 잡아가고 있다.

식품가공업은 중국산 빠르게 밀어내

북한에서 가장 활발하게 성장하는 산업은 무엇일까? 바로 소비재 산업이다. 시장이 확산하는 추이를 살펴보면 이유를 찾을 수 있다. 중국에서 수입된 소비재를 북한산 제품이 대체하고 있다. 또 일부 품목의 경우 중국산은 저가제품이고 북한산이 고급제품이라는 평가도 형성되고 있다. 그만큼 북한 소비재 산업이 성장했다는 방증이다.

소비재 산업 중에서도 식품가공업의 성장세가 두드러진다. 북한에서 생산한 산물을 재료로 가공한 식품은 저가 원료를 사용한 중국산 제품을 빠르게 대체했다. 북한은 2000년대 중반 이후 식품가공업을 중점적으로 육성해왔다. 일용식품공업성을 설치하고 각 도에 종합식품공장을 지었다.

식품가공업을 비롯한 소비재 생산은 무역회사, 국영기업, 중국과의 합작·합영기업, 가내 수공업 등이 담당한다. 무역회사는 중국 등으로부터 설비와 원부자재를 수입해 생산하기 시작했다. 중국과의 합작·합영기업은 제품의 질을 크게 높이는 데 기여했다. 대표적인 품목이 화장품이다.

소비재 산업이 성장할 수 있었던 데는 기계공업의 발전이 큰 역할을 했다. 기계공업이 설비 생산 능력을 확충해 국산 설비를 공급함으로써 소비재 공장 설비가 현대화됐다. 통일연구원에서 발표한《김정은 시대 북한 경제사회 8대 변화》(2018)에서는 기계공업이 김정은 집권 시기에 북한 중화학공업의 회복을 선도하고 있는 산업 분야라고 분석하고 있다. 반면 철강 등 금속산업과 화학산업은 북한 정부의 지속적인 노력에도 불구하고 별다른 성과를 보이지 못하고 있다고 한다.

북핵 문제,
장기화 가능성 있다

2019년 4월 '한반도의 새로운 질서'라는 주제로 열린 한 포럼에 참석한 적이 있다. 이 자리에서 전前 미 국무부 동아시아태평양 차관보였던 크리스토퍼 힐과 함께 이야기를 나누었다. 우리 두 사람은 '역사적으로 국제 사회의 제재 사례를 살펴보면 성공한 경우가 거의 없고, 제재 카드를 활용해 어떤 국가의 입장을 바꾸는 일은 쉽지 않다'는 점에 극히 공감했다. '철의 장막'에 제재 조치로 대응했던 소련의 사례만 봐도 그렇다. 결국 소련이 붕괴되기는 했으나 제재의 영향으로 끝나버린 것은 결코 아니었다. 남아프리카공화국 사례도 참고할 만하다.

남아공은 1991년에 안보 불안을 이유로 개발했던 핵장치를 스스로 폐기했다.

앞서 북한이 처한 현실을 살펴보았지만, 북한의 현재 상황은 말 그대로 벼랑 끝에 서 있다고 봐도 좋을 만큼 위태로운 실정이다. 북한의 젊은 지도자는 국제사회의 제재에 대응해 오로지 핵무기 개발에 매달린다면 결국 파국으로 치닫게 될 뿐이라는 점을 알고 있는 듯하다. 최근 2년 동안 김정은이 보인 파격적인 행보만 봐도 알 수 있다. 이제 북한에게는 새로운 탈출구가 필요하다.

주한미군의 행보는
어떻게 될 것인가

지금의 상황을 한마디로 말하자면, 남북미 모두에게 실로 어려운 상황이다. 남북미 모두 역사적으로 이런 기회가 또다시 찾아오기 어렵다는 사실을 충분히 알고 있다. 그럼에도 북미 대화 국면이 고착화된 상태에서 냉탕과 온탕을 오가는 이유는 무엇일까? 가장 큰 변수이자 걸림돌은 북한의 핵무장이다. 나는 여기에 주한 미군이라는 변수를 추가해야 한다고 생각한다. 물론 중국(혹은 러시아)의 개입이나 트럼프 대통령의 재선 실패 등 지금까지의 긍정적인 기조를 단숨에 무너뜨릴 수 있는 수많은 변수가 산재해 있다. 그러나 상대적으로 간과하고 있는 큰 문제는 주한미군의 존재다.

중국, 러시아뿐 아니라 한국 역시 자주국방을 이루기 위해 미군이 한국에서 철수하기를 원하는 날이 올 것이다. 나는 문재인 대통령이 미국을 설득해 이 역사적 과제를 해결하기를 바란다. (개인적인 솔직한 바람도 더해 말하자면, 나는 내가 낸 세금이 내가 시민으로 살아가는 나라에서 나를 위해 쓰이길 바라지, 다른 사람의 주머니를 채우는 데 쓰이기를 바라지 않는다.) 지금은 남·북한이 분단돼 있지만, 본래 반만년 역사 동안 자주국방을 이뤄온 나라라는 것을 트럼프 대통령이 분명히 인식하고 인정하도록 만들어야 한다. (나는 또한 도널드 트럼프의 재선 가능성을 높게 점치고 있다.) 남·북한도 국방력 경쟁에 쏟아붓고 있는 예산을 한반도 경제 성장을 위해 사용하게 된다면, 현재의 경제성장률을 한층 높일 수 있을 것이다. 그러기 위해서 가능하다면 남·북한이 모두 군사적으로나 경제적으로 중국과 미국 같은 외부의 영향으로부터 자유로워질 필요가 있다.

현재 남북미 대화의 국면에서 북한이 계속해서 중국에 접촉을 시도하고, 중국이 개입할 경우 북한의 경제 개방이나 통일을 저해한다는 시각에 대해서 나는 우려할 만한 사항이 아니라고 말하고 싶다. 북한이 국경을 개방한다면 중국은 '한반도'를 대상으로 더욱 적극적으로 교역과 관광사업을 추진할 것이다. 오히려 미국 워싱턴 정계가 남·북한이 추진하려는 정책과 교류 방향에 더 많이 관여하려 들 것이다. 하지만 나는 이것이 매우 무의미한 일이라고 생각한다. 미국은 한반도와 수천 킬로미터나 떨어져 있고 미국인 중에는 한국이 젓가락을 쓰는지조차 모르는 사람이 많다. 말하자면 남·북한의 관계 변화는 미국과 직접적인 관련이 전혀 없다는 뜻이다. 워싱턴은 자국민의 일상과 경제가 무너지지 않도록 국내 문제에 몰두하는 게 훨씬 더 생산적인 일을 하는 것이다.

노련한 협상 전문가와
영민한 젊은 지도자의 거래

트럼프 대통령 역시 북한을 잠재력이 큰 시장 중 하나로 보고 있을 것이다. 2018년 6월 싱가포르 회담 후 기자간담회에서 트럼프는 이렇게 말했다.

"제재는 핵이 더 이상 문제가 되지 않을 때 풀릴 것입니다. 북한은 멋진 해변을 가지고 있습니다. 그 바다로 계속해서 미사일을 던지고 있지만, 나는 그(김정은)에게 '그러면 그곳에 콘도를 지을 수 없지 않느냐, 세계에서 가장 좋은 호텔들을 지을 수 있다는 사실을 당신은 알고 있다고 생각한다'고 말했습니다. 부동산 투자의 관점에서 보면, 한국과 중국을 이웃으로 둔 땅을 갖고 있다는 것이 북한에 얼마나 좋은 지도 이야기했습니다."

트럼프는 호텔과 부동산 투자 사업을 비롯해 트럼프 오거나이제이션The Trump Organization 및 엔터테인먼트 리조트 CEO의 경력을 가지고 있다. 한때 부동산시장이 붕괴되면서 함께 무너질 뻔했지만 결국 재기에 성공하기도 했다. 그에게는 '협상'deal 이라는 큰 무기가 있었고, 그는 누구보다도 능수능란하게 자신이 가진 무기를 구사할 줄 아는 인물이다. 그런 경험을 가진 그가 북한을 단순히 정치·외교적인 관점에서만 바라보지는 않을 것이다. 현재 미국의 경제 성장은 한계에 이르기 시작했고, 사상 최악의 베어마켓이 언제 시작된다 해도 이상하지 않은 시점이다. 이러한 사실을 누구보다 잘 알고 있는 트럼프는 정치·외교 역학에 쓰이는 소모적인 비용들을 줄이면서 자신의 정치적 텃밭인 선거구에서 표를 끌어모으기 위해 끊임없이 국내 선전용 무역전쟁을 일으킬 것이다.

같은 맥락에서 북한과의 다양한 협상 카드를 염두에 두고 있을 것이다. 트럼프의 입장에서는 남북 종전선언을 통해 국방비를 줄이고 새로운 교역국으로서 활용하는 측면까지도 이미 계산기로 두드리고 있을 것이다. 앞서 말했듯 남·북한 문제에서의 장애 변수는 한국에 주둔하고 있는 미군 문제다. 미국으로서는 미군 철수와 관련해 중국과 러시아를 견제하는 안보적인 측면에서의 고민을 다각도로 하지 않을 수 없다. 따라서 트럼프는 계속해서 방위비 청구서를 한국과 일본에 내미는 전략을 취할 것이다.

과연 노련한 협상 전문가가 영민한 젊은 지도자와의 협상에서 어떤 카드를 제시해 거래하려는지 주목해야 한다. 이미 트럼프와 김정은은 싱가포르 회담에서 빈손으로 돌아간 전례가 있다. 그런 만큼 트럼프는 최적의 타이밍에 최고의 협상안을 끌어내기 위해 신중하게 움직일 것이다. 만약 앞으로 두 국가의 정상 간 협상이 원활하게 이뤄진다고 해도 장밋빛 미래가 보장되는 것은 아니다. 그동안 핵무기 동결에 관한 검증 과정이 순탄치 않은 문제로 계속 불거졌던 것처럼 나는 이런 부분들이 원활하게 조율되어 장기화 국면으로 이어지지 않기를 바랄 뿐이다.

북한, 과연 핵을
포기할 것인가?

북한은 3대 세습 독재 정권 체제이고, 김정은 국무위원장이 최고 권력자로 군림하고 있다. 그의 권력은 확고하다. 물론 자연스럽게 확고해진 것은 아니다. 그는 정적 제거와 숙청을 통해 자신의 권력을 다져왔다. 이러한 서술을 반박할 사람은 많지 않을 것이다.

2011년 12월, 김정은은 불과 27세의 나이로 권좌를 물려받았다. 김정일이 갑자기 심근경색으로 사명하고서 13일 뒤에 조선인민군 최고사령관에 추대됐다. 후계자 승계 과정을 충분히 거치지 않은 것이다. 그가 김정일의 후계자가 된 것은 1년여 전인 2010년 9월이었다. 당시 그는 조선인민군 대장, 조선노동당 중앙군사위원회 부위원장 및 당 중앙위원 자리에 올랐다.

당시 일부 외부 전문가들은 김정은의 권력층 장악력에 의문을 제기하고 권력투쟁이 일어날 가능성이 있다고 관측했다. 이런 전망은 북한 권력층 내부에서도 암묵적으로 공유됐을 것이다. 이러한 안팎의 의문을 잠재우려는 듯 김정은은 자신의 권력을 굳히기 위해 과거 역사 속 왕자들이 행하던 폭력적인 수단을 서슴없이 휘둘렀다. 2013년에는 고모부 장성택을 처형했다. 또한 이복형 김정남을 독살한 배후로 지목됐다. 이 밖에도 당과 군 간부들을 수시로 처형하거나 제거했다. 각각 명분은 있었지만 목적은 단 하나, 권력 다지기였다.

북한 핵 문제, 김정은이 홀로 결정하지 못해

이제부터는 북한 전문가들도 간과하는 북한 정권의 특성을 다루고자 한다. 북한은 '제한적인' 1인 독재 국가다. 더 설명하면, 북한은 김정은을 정점으로 한 조선노동당과 조선인민군 지도부가 움직이는 나라다. 평양에 50차례 방문한 바 있는 북한 전문가인 박한식 전 미국 조지아대 교수는 조선노동당이 쥔 권력의 생리에 대해 언급하며 "북한은 '1인 독재' 국가가 아니다."라고 말했다. 그는《선을 넘어 생각한다》(2018)에서 "북한은 조선노동당이 지배하는 일당 독재국가로, 조선노동당을 움직이는 것은 특정한 개인이 아니다."라고 설명했다.

김정은 위원장은 자신의 권좌를 유지하기 위해 특정인에게 권력을 무제한으로 휘두를 수 있다. 그가 힘을 쏟고자 하는 경제 개발 프로젝트를 주도할 수도 있다. 그러나 적극적인 시장화나 전면적인 대외 개방, 핵무기 전면 폐기와 같은 사안은 단독으로 결정하지 못한다. 북한 지배층의 운명을 좌우하는 사안에 대해서는 집단적인 결정이 이뤄져야 한다. 북한 지배층은 그중에서도 핵무기를 가장 중요한 사안으로 여긴다. 앞서 말한 두 가지 사안은 잘 먹고 잘사는 것과 관련이 있는 데 비해 핵무기는 정권의 생존과 직결된다고 보기 때문이다. 물론 김정은 위원장이 생각하는 북핵 해법과 북한 지배층이 생각하는 북핵 해법이 다르다는 말은 아니다. 핵무기는 집단적인 결정으로 오랜 세월 쌓아온 '성과'이기 때문에 전면적인 수정이 그만큼 어렵다는 뜻이다.

미국은 전면적이고 검증 가능한 비핵화 요구

미국과 북한은 북한의 핵무기를 놓고 두 차례 정상회담을 했다. 그러나 입장 차이가 좁혀지지 않아 합의에 이르지 못했다. 미국은 북한에 전면적이고 검증 가능한 비핵화를 강하게 요구해왔다. 2018년 3월 트럼프 대통령이 북미정상회담을 하겠다고 결정한 이후, 마이크 폼페이오 국무장관은 수차례 북한을 방문해 이러한 내용들을 전달했다.

트럼프 대통령과 김정은 위원장은 2018년 6월 12일 싱가포르에서 만났고, 2019년 2월 28일엔 베트남 하노이에서 재회했다. 싱가포르 때에는 새로운 북미관계 수립, 한반도 비핵화 및 평화체제 구축, 미군 유해 발굴과 송환 등의 내용을 담은 공동성명을 발표했다. 하노이 정상회담을 앞두고는 협상이 타결된다는 관측과 기대가 고조됐다. 그러나 결국 공동합의문이 도출되지 않았고, 서명식은 취소됐다.

하노이 정상회담은 왜 결렬됐을까? 한 달여 뒤에 로이터통신이 입수한 미국 내부 문건에 따르면 정상회담에서 트럼프 대통령은 기존의 포괄적이고 전면적인 비핵화 요구를 내놓았다. 즉 북한 핵무기의 미국 이전, 핵 프로그램에 대한 포괄적인 신고, 미국과 국제 사찰단에 완전한 접근 허용, 모든 관련 활동 및 새 시설물 건축 중단, 모든 핵 인프라 제거, 모든 핵 프로그램 과학자 및 기술자들의 상업적 활동으로의 전환 등을 요구했다. 김정은 위원장은 이를 받아들이지 않았다. 정확하게는 북한 정권이 미국의 요구를 수용하지 않은 것이다.

여기서 북핵 문제의 본질에 해당하는 의문을 제기할 수 있다. 북한은 왜 그토록 핵무기에 목매는 것이며, 핵무기를 전면 포기할 의향은 있는 것일까? 북한 핵시설이 있는 영변을 수차례 방문한 미국의 핵물리학자 지그프리드 헤커Sigfried Hecker 박사는 2018년 11월 이 질문에 대해 "김정은 위원장 스스로도 모를 것"이라 말했다고 전해졌다. 하지만 이 대답은 설득력이 낮다. 북한은 그동안 협상의 이면에서 일관성을 보여줬고, 이는 북한의 의사가 분명하다는 방증이기 때문이다.

북한이 경제 개발을 위해 핵을 과감히 포기할 가능성이 있다는 관측도 나온다. 윤영관 전 외교부 장관도 이렇게 내다본다. 그는 김정은 위원장이 잘살고자 하는 북한 주민들의 욕망에 부응해 경제 개발을 약속해 왔고, 자신의 약속을 실행하기 위한 여건으로 대북 경제 제재 해제가 불가결하다고 설명한다. 또한 포스텍 평화연구소에서 발간한 〈코리아리포트〉 3호의 권두언에서 "김 위원장은 비핵화를 진행하지 않으면 안 되는 상황으로 몰리고 있다."고 분석했다. 그러나 앞에서 설명한 북한 정권의 특성을 고려할 때, 이는 김정은 위원장이 자신의 정치적인 가중치에 따라 홀로 북핵 이슈를 결정할 수 있다고 봐야 하는 한계를 지닌다.

'핵 포기하면 후세인처럼 몰락한다'고 생각하는 북한

북한 정권이 핵무기를 포기하지 않는 것은 핵무기를 보유해야만 권력을 지킬 수 있다고 굳게 믿기 때문이다. 북한 지배층이 이러한 믿음을 갖게 된 강력한 근거로 사담 후세인의 최후를 거론하는 사람들이 있다. 북한 전문가 박한식 교수는 북한 지배층의 생각에 대해 이렇게 설명한다.

"많은 사람이 알고 있다시피 후세인은 원래 미국을 추종하고 미국의 지지를 받는 독재자였습니다. 하지만 그는 10년 가까이 경제 봉쇄를 당한 끝에 대량살상무기 보유와 알카에다 지원이라는 '누명'을 쓰고 권좌에서 쫓겨나 비참한 최후를 맞았습니다."

북한 지배층은 무아마르 카다피의 최후도 핵무기를 포기한 결과라고 분석한다. 카다피는 2003년 미국의 경제 제재 해제와 관계 정상화 약속에 따라 핵 개발을 포기했다. 그런데 내전이 발발해 반군에 쫓기다가 체포돼 2011년에 처형됐다. 하지만 이러한 분석은 후세인 사례에 비해 설명력이 떨어진다. 카다피 정권이 몰락한 원인은 대외적인 핵무기 포기가 아니라 내부에서 벌어진 전쟁 때문이었다. 원인과 결과가 무엇이든 중요한 것은 북한 지배층의 믿음이다.

많은 사람이 북핵 이슈에 희망과 기대를 품는다. 반대로 애당초 해결이 불가능한 사안이라면서 냉담하게 방관하는 사람들도 있다. 그러나 미국과 북한이 상호작용을 하는 가운데 북핵은 누구도 결과를 예단하지 못한다. 북핵 문제가 어떤 결말로 이어질지는 현재로선 아무도 모른다.

북핵 이슈, 네 가지 길 중 어디로 갈까?

북핵 이슈에 대해 현실적인 시선을 제시하는 인물이 외교부에서 활동한 이용준 씨다. 그는 북핵외교기획단장, 6자회담 차석대표, 북핵담당 대사 등을 맡아 북핵 협상에 깊이 관여한 바 있다. 그는 《북핵 30년의 허상과 진실》(2018)에서 "향후 북한 핵문제의 앞길에는 논리적으로 네 갈래의 길이 있다."고 제시한다.

첫째, 북한이 가장 선호해온 단계적이고 상호주의적인 해결이다. 북한이 비핵화의 초기 단계 조치인 동결, 신고, 검증 등을 시차를 두고 단계적으로 이행하면 미국은 각 단계에 상응해 제재조치 일부 해제, 종전 선언, 경제 지원 등을 취하는 것이다. 북한이 최종 단계인 핵시설 해체, 핵무기 국외 반출을 하면 미국은 제재 전면 해제, 미북 수교, 평화협정, 주한미군 감축 또는 철수 등을 하는 방식이다.

하지만 이 방식은 이미 여러 차례 실패했다. 북한이 이미 핵무기를 보유한 상황에서 신고와 검증이 전제되지 않은 동결은 의미가 없다. 이용준 씨는 "무엇을 동결하는 것인지 대상도 불분명하다."면서 "동결의 이행을 검증하는 것도 불가능하다."고 설명했다. 또한 그는 신고와 관련해 과거 전례를 들어 북한이 제대로 신고를 할지 기대하기 어렵다고 분석했다.

둘째, 모든 것을 한 번에 합의하고 한 번에 이행하는 방식이다. 예를 들어 사전 합의를 통해 특정한 날짜나 짧은 기간을 정해 신고와 동시에 검증을 시작하고 신고된 핵시설과 핵무기를 즉각 폐기하거나 국외로 반출하는 것이다. 미국은 이와 동시에 제재 해제, 경제 지원, 종전 선언 등을 동시에 천명하고 이행한다. 이 방식에서 북한이 이행할 사항은 하노이 정상회담에서 미국이 요구한 것과 비슷하다. 그러나 앞서 분석했듯

이 북한은 이와 같은 포괄적이고 전면적인 비핵화를 받아들일 의향이 없다.

셋째, 북한과의 게임에 지친 미국이 협상 결렬을 선언하고 정상회담 이전으로 돌아가는 것이다. 만약 이러한 선택을 한다면 미국은 북한에 대해 추가 제재를 가할 것이고, 군사적 옵션을 부활시킬 것이다. 이용준 씨는 추가 제재 수단은 아직 많이 남았다며 무역 전면금지, 외환거래 전면금지, 유류공급 전면금지 등을 들었다.

넷째, 미국과 북한의 비핵화 협상이 진전도 되지 않고 악화되지도 않는 교착 상태가 장기간 이어지는 것이다. 북핵 이슈가 이 경로를 따를 경우 북한의 핵보유는 점점 기정사실로 받아들여지게 된다. 북한이 인도, 파키스탄에 이어 아홉 번째 핵보유국이 되는 것이다.

미국과 북한이 수를 주고받는 동안 중국과 러시아, 일본, 한국이 영향을 미치는 북핵 게임. 그 결과는 아무도 모른다. 앞으로 북핵이 비교적 단기에 해결되기를 기대하지만, 장기화 가능성도 배제하지 못한다.

경제통합 한반도를
경계하는 나라, 일본

한반도와 오랜 인연과 역사를 공유한 이웃나라, 일본. 사실 나는 두 나라 간의 미묘한 감정의 역사까지는 잘 알지 못한다. 남·북한이 조선이라는 나라였던 시절부터 근현대사에 이르기까지 세계사와 맞물려 어떠한 이야기들이 펼쳐졌는지에 대한 큰 줄기를 아는 정도다.

투자자인 나에게는 한국보다 일본이 더 많은 관심을 불러일으켰던 것이 사실이다. 일본은 높은 외환보유고와 뛰어난 기술력, 활발한 주식시장 등 투자자로서 할 수 있는 것이 많은 큰 시장을 가지고 있었다. 아니, 정확히 말하자면 '그런 시장이었다'. 그러나 지금의 상황은 그렇지 않다. 이미 알려져 있듯, 현재 나는 일본 주식을 전량 매도해 보유하고 있는 것이 없다. 이에 대한 자세한 내용은 제5장에서 이야기하도록 하고, 여기서는 경제통합 한반도를 경계하는 일본에 대해 이야기를 해보고자 한다.

"아베, 미친 짓은 멈추고 사임하세요."라고 말한 이유

2019년에 일어난 한일 간 무역분쟁 사태는 지극히 정치적인 일이라고 봐야 한다. 언제나 무역분쟁은 한일 간에 벌어진 무역분쟁과 같은 방식으로 일어난다. 처음에는 작은 것에서부터 시작하지만 점점 다른 국가의 사례를 모방하며 분야와 규모를 확장해간다. 서로 각자의 명분을 답습하고 이용하는 식이다. 이처럼 작은 분쟁에서 시작해 걷잡을 수 없는 무역 전쟁으로 커지는 사례는 쉽게 찾아볼 수 있다. 일본이 작금의 분쟁을 일으킨 이유는 분명하다. 일본은 한반도의 개방을 막고 싶어 한다.

일본 정부가 2018년 4월 발표한 보고서에 따르면 2012년 12월부터 시작된 (말하자면 아베 신조 총리가 내각을 꾸린 이후) 경기회복세가 2019년 4월까지 77개월 연속 이어지고 있다. 친親 내각·여당 성향을 가진 일본 매체와 해외 언론들은 아베노믹스의 성과에 대해 추켜세

위 말하지만, 나는 늘 그렇듯 정부에서 발표한 데이터는 피상적인 숫자에 불과하다고 거듭 강조하고 싶다. 말하자면 그들이 말하는 경기 호조세는 '빛 좋은 개살구'에 불과하다.

2018년 기준 일본 정부의 부채는 GDP의 2배가 넘을 정도로 몸집이 불어난 상태다. 나는 일찍이 일본 정부의 부채에 대해 강력하게 경고한 바 있다. 2014년 일본 로이터통신과의 인터뷰에서 나는 "'화폐 발행', '통화 가치 하락', '주가 부양의 단기 효과' 이 세 개의 화살이 일본을 무너뜨린다."는 의견을 피력한 바 있다. 아베 총리의 집권 2년 차였던 당시에 아베노믹스 체제하에 화폐가 계속해서 발행되는 동안 일본 정부의 부채는 걷잡을 수 없을 만큼 비대해질 거라고 예측했다. 또 발행된 화폐들은 증시와 채권 시장으로 흘러 들어가면서 주가 상승으로 그 영향이 미칠 것이며, 이는 당연히 투자자들에게는 호재라고 말했다.

아베 총리가 펼친 정책 중 유일하게 긍정적으로 볼 수 있는 것은 일본 주식투자를 비과세로 지정한 것이다. 이 정책은 과거 다른 나라들에서 시행됐을 때에도 좋은 결과를 낳았었다. 나는 "이런 요인들이 향후 2~3년간 일본 주식시장이 상승할 것으로 보이게 만든다. 그러나 20년 후를 내다봤을 때 화폐 발행을 통한 주가 상승의 반작용은 다음 세대에게 악몽으로 돌아올 것이다. 일본은 '아베가 일본을 망쳤다'고

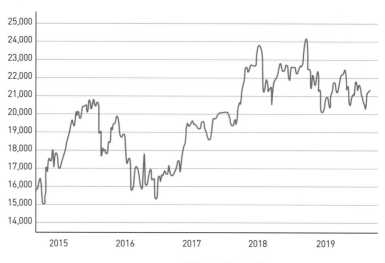

출처: 트레이딩이코노믹스TRADINGECONOMICS.COM

말하게 될 것이다."라고 경고했다. 양적완화의 끝은 결국 비극뿐임을 그가 깨닫길 바랐다.

나의 조언이 무색하게도, 멈추지 않는 아베노믹스 열차는 일본의 모든 경제 지표를 최악의 곡선으로 치닫게 만들고 있다. 이런 상황 속에서 한반도에 경제통합의 기류가 흐르자, 아베 총리를 위시한 일본 정부에서는 경제통합 한반도를 저지하기 위해 할 수 있는 모든 것을 동원해 발목을 잡으려 하고 있다. 그가 일으킨 이 무역분쟁이 과연 한반도에 어떤 영향을 미치게 될 것인지 주목하지 않을 수 없다.

일본을 넘어설
경제통합 한반도의 도래를 직시해야 한다

나는 한국과 북한을 갈라놓았던 휴전선이 사라지고 철도가 이어져 유라시아를 달리게 되는 한반도 시대의 도래를 일본이 두 팔 벌려 환영하기를 바란다. 세계 경제대국으로서의 위상을 오랜 시간 지켜온 일본으로서는 신흥 경제대국의 등장이 달갑지만은 않을 것이다. 그러나 일본은 자신들이 가지고 있는 경제 지표의 현실과 지리적 한계를 인정해야만 한다.

경제통합 한반도가 실질적으로 공고하게 자리 잡고 안정화되기까지는 절대적인 시간이 필요하다. 적어도 10~20년은 소요될 것으로 예측된다. 세계은행에서 집계한 자료에 따르면 2018년 현재 일본의 GDP는 5조 706억 달러(한화 약 6,079조 6,494억 원), 무역 규모는 1조 5,410억 달러(한화 약 1,847조 8,131억 원)다. GDP 기준 경제 규모로는 미국, 중국에 이어 세계에서 3위에 해당한다.

한국도 어느덧 경제 규모 세계 11위의 경제강국으로 성장했으나, 현재 한국의 GDP(1조 6,556만 달러, 한화 약 1,199조 1,786억 원)와 무역 규모(1조 1,401만 달러, 한화 약 1,199조 168억 원)에 북한의 경제 규모를

한국, 북한, 일본 경제규모 비교 (2018년 기준)

	일본	한국	북한	남북 합산
국내총생산(GDP·억 달러)	50,706	16,556	300	16,856
1인당 GDP(달러)	41,020	31,940	1,200	21,874
무역규모(억 달러)	15,410	11,401	28	11,429
인구(만 명)	12,680	5,161	2,513	7,674

* 북한은 국민총소득 기준 한국은행 추산치 출처: 세계은행
* 남북 합산 1인당 GDP는 인구 지표 고려한 추산치

더한다고 해도 상위 3개국과의 격차를 좁히기는 어려운 것이 사실이다. 중국이 1978년 개혁개방 당시 1,495억 달러(한화 약 179조 2,505억 원) 수준이었던 GDP가 2018년 12조 7,458억 달러(한화 약 1경 5,282조 2,142억 원)로 85배가량 성장했다는 사실을 고려할 때, 북한이 중국식 개혁개방을 전제로 개방에 나선다면 장기적인 성장 가능성은 매우 높다.

더욱이 경제통합 한반도를 지지하는 움직임은 국제사회 전반에 걸쳐 더욱더 넓게 확산될 것이다. 세계 경제는 새로운 성장 동력에 목말라 있다. 한반도를 시작으로 유라시아 대륙을 달리게 될 철도와 북극

항로의 등장, 북한 땅에 묻혀 있는 풍부한 천연자원과 양질의 노동력은 충분히 매력적인 동력이 될 수 있다. 그리고 다음 세기에 세계 경제를 움직이게 될 동아시아 시장에 세계 모든 자본을 끌어들일 것이다. 이런 흐름은 일본에게도 분명 또 다른 수많은 기회를 열어줄 것이다. 그러니 일본은 경제통합 한반도의 도래를 회피하려 하지 말고 지금부터라도 새로운 시대 변화에 대응할 수 있도록 준비해나가기를 바란다.

JIM ROGERS' 5-YEAR KOREAN PENINSULA

INVESTMENT SCENARIO

제 4 장

경제통합 한반도
투자의 미래

모두가 불가능하다고 여겼던 '북한 투자'의 길이
열릴지도 모르는 상황이 전개되기 시작하면서
일명 '짐 로저스 종목'이 등장해 주식시장이 요동치고 있다.
'월가의 인디애나 존스'는 말한다.
"사람들은 쉽게 정보를 얻고자 한다. 나는 누군가의 말에 따르기보다
직접 현장을 찾아가 내가 보고 듣고 판단한 것에 투자했다. 당신도 그래야 한다."
누구도 주목하지 않는 시장이 가진 잠재력을 간파하고
현장을 찾아가 변화의 조짐을 엿보는 그의 기민한 움직임 속에 투자의 미래가 있다.
결국 도래하게 될 경제통합 한반도를 그리며, 짐 로저스의 시선은 부산을 출발한 열차가
유라시아를 통과해 유럽을 향하는 10~20년 후의 그곳에 가 있다.

한반도 위에 그려질
3개의 경제 벨트

2014년 두 번째 방북 때 인구 약 20만 명의 도시, 함경북도 나선경제특구를 둘러봤다. 방북 당시 이 도시의 풍경은 마치 거대한 차이나타운처럼 보였다. 하지만 경제특구라는 위상에 걸맞지 않게 중국의 투자는 순탄해 보이지 않았다. 중국 기업이 들어와 지은 5성급 호텔은 비어 있었고, 항구는 쥐 죽은 듯 매우 조용했다. 본래 계획대로라면 나선경제특구는 상업 중심지로 거듭나 발전해 있어야 했지만, 도시는 좀처럼 활기를 띨 조짐을 보이지 않았고 중국에서 나선경제특구로 들어오는 4차선 고속도로는 매우 한산했다.

북한이 당초 내세운 청사진에 비해 나선경제특구가 지지부진한 모습을 보인 이유는 무엇일까? 북한 당국의 모호한 정책 방향에서 원인을 찾을 수 있다. 북한 정권은 개혁개방 정책을 도입하면서도 시장을 확대하거나 체제를 바꿀 의향이 없었다. 외국인 투자에까지 국가 기관이 건건이 간섭하려 드는 탓에 당연히 국외 투자도 활발히 이뤄질 수 없었다. 단, 나선을 경제특구로 선택한 북한의 안목만큼은 탁월했다. 다른 무엇보다도 북한을 둘러싸고 있는 한국과 중국, 러시아가 환영할 만한 일이었기 때문이다.

우선 한국의 입장에서 나선경제특구는 대륙으로 진출하는 길목이다. 문재인 대통령이 주창한 '한반도 신경제 지도'를 보면 한반도종단철도TKR가 이곳을 지나도록 계획되어 있다. TKR 노선은 부산에서 출발해 북한 소도시 몇 곳을 거쳐 나진으로 이어진 뒤 북한의 국경 역인 두만강역에 도착한다. 이어서 러시아의 하산을 통과한 다음 우수리스크에서 시베리아횡단철도TSR와 연결된다.

대륙으로 이어지는 연안지역 허브로서의 가치도 충분하다. 나선경제특구가 품고 있는 나진항은 북한의 북동부 가장 끝자락에 위치하며, 1년 내내 얼음이 없는 항구다. 지리적으로 중국과 맞닿아 있는 만큼 중국을 상대로 하는 대외무역과 경제발전에 있어서 전략적 요충지로 여겨진다. 특히 동북 2성은 나진항을 활용하면 물류비를 크게

나진항 전경 출처: 위키미디어 커먼스Wikimedia Commons

절감할 수 있다. 두 지역의 화물을 다롄大連항까지 육로로 운송할 경우 이동거리가 1,500킬로미터에 이르는 데 비해 나진항까지는 불과 200킬로미터 남짓에 불과하다.

게다가 중국의 수출입 창구로 쓰이고 있는 다롄항과 러시아의 극동지역 물류 기지로 쓰이고 있는 보스토치니항은 모두 포화 상태에 이른 지 오래다. 주변 국가들의 여건을 고려할 때, 북한이 개방되고 대륙으로 이어지는 철도가 연장되면서 적극적인 투자가 이뤄지기만 한다면, 나선경제특구는 세계적인 항구 및 운송 허브가 될 것이다.

경제통합 한반도 위
3개의 핵심 벨트

내가 특별히 강조하지 않아도 두만강 하류에 위치한 나진·선봉, 훈춘, 하산이 이루는 삼각지대 인근의 지리적 중요성을 모르는 투자자는 없을 것이다. 중국과 러시아를 비롯해 미국과 일본에게 있어서도 대륙과 동해, 태평양을 잇는 길목에 자리한 이 삼각지대, 특히 나선경제특구는 관심을 가질 수밖에 없다. 1991년부터 꾸준히 개발해 온 북한의 기대에 못 미친 나선경제특구가 온전히 제 몫을 하는 데 필요한 것은 국제사회의 제재 완화와 남·북한 상황의 변화다. 이 두 가지 필요조건은 북한의 비핵화를 전제로 한 종전 선언이 체결되는 순간, 동시에 일어나기 시작할 것이다.

남북 간 경제 교류의 길이 열리면 기존에 이뤄졌던 개성공단 운영과 금강산 관광 재개를 시작으로, 특히 4·27 판문점 선언에 담긴 철도·도로 연결 및 현대화 사업이 빠르게 추진될 것으로 보인다. 인적·물적 자원을 자유롭게 이동시키려면 무엇보다 교통 인프라가 가장 먼저 확보되어야 하기 때문이다. 이를 위해 한국의 현대건설, GS건설, 삼성물산 등 세계적인 건설회사들이 이미 준비하고 있으리라 생각한다. 공기업도 마찬가지다.

이런 맥락에서 문재인 정부에서 구상 중인 '한반도 신경제 지도'를

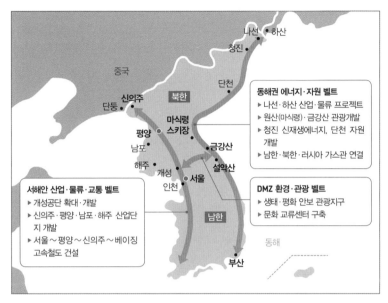

한반도 신경제 지도 출처: 국정기획자문위원회·통일연구원

홍미롭게 지켜봤다. 교통, 관광, 자원, 에너지, 물류 등 투자자의 입장
에서 관심을 가질 만한 사안들이 담겨 있었기 때문이다.

또한 'DMZ 환경·관광 벨트', '서해안 산업·물류·교통 벨트', '동
해권 에너지·자원 벨트'로 구성된 H형 벨트는 김정은 정권에서 적극
추진·개발 중인 사업과도 연계되어 있기 때문에 북한과의 원만한 협
의를 기대할 만하다. 그만큼 실현 가능한 사업들이 주를 이루고 있어
관련 투자 종목에 대한 주목도가 매우 높아질 것으로 보인다. 어떤 국

가든 개방 초기에는 많은 투자자들이 인프라 사업에 집중하기 마련이다. 특히 '동해권 에너지 · 자원 벨트'에 담긴 사업 내용은 북한 내 천연자원 개발과 남 · 북 · 러 가스관 연결, 나선-하산 산업 · 물류 프로젝트를 포함하고 있어 한국은 물론이고 글로벌 투자자들의 시선이 쏠릴 것이다. 하지만 나로서는 동해권 관광특구 사업에 투자하는 것이 훨씬 더 유리하다고 판단한다. 북한이 개방되더라도 내륙 개발 현장에는 절대적으로 많은 시간이 소요될 것이다. 따라서 동해권에 위치한 금강산과 자연 그대로를 간직한 해변을 보기 위해 전 세계의 관광객들이 붐빌 것이라 쉽게 예측할 수 있다.

나진 · 훈춘 · 하산
삼각지대가 핵심이다

북한과 러시아는 나진-하산 복합물류 사업 확대를 추진하고 있다. 나진-하산 복합물류 사업은 러시아산 석탄 등의 광물자원을 하산을 거쳐 나진항에서 중국 · 한국 등으로 수출하고, 아시아 지역 화물을 나진항을 통해 하산을 거쳐 시베리아횡단철도로 운송해 유럽으로 수출하는 것이다. 이와 관련해 러시아 기업이 나진항 3부두의 임차권을 49년간 소유해 운영 중인 것으로 알려져 있다.

현재 북한과 러시아 연해주, 즉 두만강 위쪽 동해 인접 지역은 철도로만 연결된다. 2008~2014년에 러시아는 하산과 북한 나진항을 잇는 54킬로미터 구간 철도를 개보수했다. 평양에서 하산을 거쳐 블라디보스토크까지 닿는 철도로 이동할 수 있게 된 것이다. 참고로 항공편으로는 평양과 블라디보스토크를 오가는 노선이 주 2회 운항되고 있다.

두 지역 사이에 자동차 도로는 연결되지 않았다. 두만강 자동차 교량도 없다. 양국은 상호 교류와 협력을 위해 자동차 통행망 구축이 필수적이라는 전제하에 두만강을 가로지르는 자동차 전용 교량 건설을 논의해 왔으나 재원을 누가 마련할지를 놓고 이견을 좁히지 못했다.

한편 2018년 8월, 북한에 대한 석탄 수출을 전면 금지하는 안보리 결의 2371호가 통과된 가운데, 러시아의 요청에 의해 나진항을 통한 제3국산 석탄 수출이 예외로 인정됐다. 그러나 러시아 기업들은 자칫 미국의 제재 대상에 오를 것을 우려해 2019년 2월 이후 나진항 이용을 기피해온 것으로 알려졌다.

이후 나진-하산 복합물류 사업 확장 논의는 2019년 4월 블라디보스토크 북-러 정상회담을 계기로 탄력을 받았다. 같은 해 6월 평양에서 알렉산드르 코즐로프 러시아 극동·북극개발부 장관과 김영재 북한 대외경제상이 회담을 이어갔다. 이윽고 같은 달에 러시아는 나진항을 통한 시베리아 석탄 수출을 재개했다. 러시아산 석탄은 예전처럼 중국으로 수출된 것으로 관측됐다.

나진-하산 사업 확대는 문재인 정부에 달렸다

러시아는 나진-하산 복합물류 사업에 한국을 참여시키는 데 공을 들여왔다. 극동 개발 구상의 일환인 나진-하산 복합물류 사업에 한국의 자금과 기술을 끌어들이고자 하는 것이다. 러시아는 2014~2015년 세 차례에 걸쳐 나진항을 이용해 러시아산 석탄을 한국으로 시범 운송하기도 했다. 그러나 2016년 박근혜 정부는 대북 단독제재를 취하고 나진-하산 복합물류 사업 참여를 무기한 중단했다. 이에 따라 한국 수송선은 나진항에 입항할 수 없게 됐다. 같은 해 1월에 실시된 북한의 4차 핵실험과 2월에 발사된 장거리 로켓으로 인한 결과다.

한편 러시아는 한국이 나진-하산 복합물류 사업에 참여하겠다는 의사를 실행하지 않고 있다며 불만을 나타내고 있다. 문재인 정부가 2017년 신북방 정책과 푸틴 대통령의 신동방 정책이 만나는 극동 개발에 적극 참여하겠다고 밝힌 뒤 행동을 보이지 않고 있다는 것이다. 특히 푸틴 대통령이 발의했다는 점을 강조한다.

이 사업과 관련해 주목할 존재가 북한·러시아 합작법인인 나선콘트랜스Rason Con Trans다. 이 회사는 2008년 시작된 나진-하산 철도 연계, 항만 및 터미널 운영 프로젝트에 따라 설립됐다. 러시아 철도공사가 70%를 투자하고 북한 측이 토지와 부두 등 30%에 해당하는 현물을 출자했다. 원래 기본 화물을 컨테이너로 잡았는데 실제로는 러시아 석탄을 운송하기 시작했다.

안드레이 란코프 국민대 교수는 2019년 〈매일경제〉 기고를 통해 "대부분의 한국 학자들과 언론인은 한국 측이 철수한 이후 이 사업(나선콘트랜스)이 무너졌을 줄 알지만 사실상 그렇지 않다."고 밝혔다. 란코프 교수는 "이 사업이 흑자를 기록하고 있다."면서 "나진에 상주하는 러시아 직원 50여 명과 북한 직원 130여 명은 여전히 열심히 일하고 있다."고도 전했다.

종합적으로 고려할 때 나진-하산 복합물류 사업은 한국과 러시아, 북한이 상생하기에 좋은 기회이자, 추진하기에도 상대적으로 용이한 사업이다. 우선 나진-하산 사업은 유엔의 대북 제재 대상이 아니다. 앞서 밝혔듯, 러시아가 공을 들여 예외로 인정받았다. 또 북한이 참여한 국제적인 사업 가운데 성공적으로 이행된 귀한 사례다. 이는 향후 한국 참여와 사업 확대의 토대가 될 수 있다. 아울러 나진-하산 사업은 시베리아횡단철도와 한반도종단철도를 연결하는 단초가 된다는 점에서 의미가 있다.

나진-하산 복합물류 사업은 동북아의 협력과 발전에 중요한 기반이 될 것이다. 동북아의 한국, 북한, 중국, 러시아, 일본은 서로 보완하고 교류할 자원을 각각 보유하고 있다. 한국과 중국, 일본은 자금과 기술을, 러시아와 북한은 자원을, 북한과 중국은 풍부한 인적자원을 갖고 있다. 이런 자원들이 함께 어우러져 시너지를 낼 수 있는 최적지가 바로 러시아·중국·북한의 접경지역, 바로 나진, 훈춘, 하산의 삼각지대다.

동북아 지역이 가진 엄청난 잠재력은 이미 글로벌 경제 환경 속에서 인정받고 있다. 향후 동북아의 잠재력을 끌어내어 발전과 안정을 이루는 데 문재인 정부가 어떤 행보를 취하는지가 그만큼 중요해졌다.

세계적인 관광지로 거듭날
비무장지대와 동해안

북한에서 추진하는 사업 중 가장 유망한 분야는 단연 관광이다. 여러 매체 인터뷰를 통해 거듭 밝혔듯이 나는 북한이 개방된다면 가장 먼저 관광산업에 대한 투자를 아끼지 않을 것이다. 과거 중국과 베트남이 그랬듯, 빗장을 걸고 있던 나라가 문호를 개방하면 전 세계의 관광지가 된다. 관광객의 발길을 이끄는 동인 중 가장 강력한 것이 바로 '가보지 못한 곳에 대한 호기심'이기 때문이다.

호기심을 유발하는 배경에 '역사'가 많은 부분을 차지한다. 한반도의 DMZ가 분단의 상징에서 평화의 상징으로 바뀌는 순간, 사람들은 세계에서 유일하게 남아 있던 분단국가의 역사적 통합의 현장에 가 보고 싶다는 호기심을 강하게 느끼게 될 것이다.

종종 사람들은 아시아의 이 작은 나라가 어디에 있는지도 정확히 알려져 있지 않고, 과연 얼마나 많은 사람들이 관심을 가지겠느냐고 반문한다. 그런 의심을 하는 사람들에게 나는 "전혀 문제되지 않는다."고 답한다. 그들의 논리대로 보자면 스위스와 싱가포르는 어떻게 설명할 것인가? 모든 관광의 시발점은 새로운 나라와 환경에 대해 사람들이 가지는 호기심이라는 가치다. 그것이 전 세계 관광객의 발길을 이끈다. 나는 전 세계가 통합된 한반도를 직접 가보고 싶어하리라 생각한다.

DMZ, 평화·생태 관광지로
주목받을 것

나는 한국과 북한에서 각각 한 번씩, 총 두 번에 걸쳐 DMZ을 방문했다. 북한을 통해 갔던 때를 돌이켜보면 매우 제한적이었다는 인상 외에 다른 기억이 없다. 평양을 찾는 관광객들이라면 방문 코스 중 하나로 DMZ를 둘러볼 수 있다. 하지만 낮은 높이의 건물들 사이에서 서로 마주 보며 경계를 선 미군과 남·북한 군인들이 연출하는 고요함만이 전부였다. 한국을 통해서는 2017년에 방문하게 됐다. 그로부터 1년 후, 그곳에서 남·북한 정상이 만나 회담을 열었다. 두 번의 DMZ 방문 경험에서 전혀 느낄 수 없었던 변화의 조짐이 조금씩 현실화되는 순간이었다.

한반도를 가로지르는 DMZ는 한반도 서쪽 임진강 하구에서 시작해 동쪽으로 동해안에 이르기까지 총 248킬로미터 가까이 걸쳐 있다. 그 넓이는 약 907제곱킬로미터로, 뉴욕 맨해튼의 열 배에 이른다. 한국과 북한의 전쟁과 정전 협정 이후 대치 상태로 인해 만들어진 DMZ는 역설적이면서도 무척 아름다운 지역이다. 역설적이라는 의

판문점 전경 출처: 위키미디어Wikimedia

미는 긴 세월 동안 사람들의 발길이 끊겨 약 70년 가까이 자연 그대로의 상태로 평화롭게 보존됐다는 사실을 가리킨다.

내가 만약 남·북한 정상회담 당시 두 정상에게 조언을 건넬 위치에 있었다면, 가장 먼저 "DMZ를 해제하라."고 말하고 싶었다. 다행히 내 생각과 비슷하게 2018년 남북 정상회담 이후 DMZ 지역에서 이뤄진 지뢰 제거 및 상호 조사·개발 협력의 움직임은 두 팔 벌려 환영하고 싶은 일이다.

앞서 언급한 '한반도 신경제 지도'에 담긴 DMZ 평화생태공원 조성에 참고할 만한 전례가 독일의 그뤼네스반트Grunes Band다. 그뤼네스반트의 길이는 1,393킬로미터로, 휴전선 길이의 다섯 배가 넘는다. 폭은 50~200미터로 DMZ에 비해 좁고, 면적은 177제곱킬로미터로 DMZ의 5분의 1정도다. 서독과 동독 사이를 가로지르는 내부 국경 지대였던 그뤼네스반트는 처칠이 "유럽을 가로지르는 철의 장막"이라고 부른 이래 동서 냉전을 상징했다. 베를린 장벽이 붕괴되고 한 달 후인 1989년 12월에 '녹색 리본'을 뜻하는 새로운 이름을 갖게 되었다.

독일은 그뤼네스반트를 생태관광지로 변신시키고자 철의 장막을 해체하고 자연을 복원하는 작업을 실행했다. 동과 서를 갈라놓았던 철조망과 콘크리트 장벽이 철거됐고 지뢰가 제거됐다. 이후 동독과 서독 사이 교통망이 연결됐고 토지를 몰수당한 옛 소유자들의 반환

요청에 응하는 등 재산권을 해결하는 절차도 이행됐다. 냉전에 의해 만들어진 천혜의 자연환경을 보존하고 관광지로서 활용하려는 움직임도 활발하게 이루어졌다. 독일의 가장 큰 환경 단체인 분트BUND 에 의해 추진된 그뤼네스반트는 오늘날 세계에서 가장 독특한 자연보호 구역을 형성하고 있다.

한국과 북한에서도 DMZ 개방 이후 관광 사업 및 개발을 위한 여러 협의와 절차가 필요할 것이다. 특히 생태학적 가치가 높은 곳인 만큼 이를 잘 보존하면서도 많은 사람이 관광을 통해 누릴 수 있는 투자가 진행되길 바란다.

기대해볼 만한
동해 해안가의 놀라운 변화

DMZ와 함께 관광객들의 많은 관심을 얻게 될 곳은 남·북한의 자연을 누릴 수 있는 휴양지다. 북쪽의 백두산과 금강산, 남쪽의 한라산과 설악산 등 계절마다 다른 색을 보여주는 한국의 산은 관광객들에게 무척 매력적으로 보일 것이다. 또한 태평양과 연결된 동해의 아름다운 해안가는 어떠한가. 삼면이 바다로 둘러싸인 한반도는 바다와 산을 함께 누릴 수 있는 이점으로 가득 찬 관광지다.

한반도의 동부 해안가가 지닌 관광지로서의 잠재 가치는 매우 높

·다. 북한이 개방되고 다른 나라와 기업, 투자자들이 구체적으로 어떤 관심을 보일 것인지를 지켜봐야겠지만, 나로서는 레저 스포츠와 결합된 리조트 개발 투자에 관심이 많다. 내가 사외이사로 있는 기업인 아난티와의 인연은 아난티의 중국 주주를 통해 시작되었다. 그는 내게 북한 금강산 관광특구에서 골프장과 빌라, 온천을 운영한 이력이 있는 아난티를 소개해주었다. 내게는 무척 흥미로운 만남이 아닐 수 없었다.

현재 아난티는 2008년 금강산 관광 중단으로 인해 폐쇄되어 운영이 중단되었다. 폐쇄되기 전까지 아난티의 리조트는 매우 성공적으로 운영되었다고 들었다. 만약 남·북한의 교류 분위기가 회복되고 국경이 사라진다면 아난티의 리조트는 설비보수 후 다시 문을 열게 될 것이다. 이후 관광 사업과 관련된 허가들이 나기 시작하면 경쟁자들도 빠르게 리조트 시장에 진입할 것이다. 이미 리조트를 보유하고 있고 북한에서 사업을 진행해본 경험이 있는 아난티가 가진 장점을 무시할 수는 없다. 교류 중단이라는 암흑기를 거치면서도 그 자리를 지켜온 이력도 큰 장점으로 작용할 것이다. 이러한 상황을 종합해볼 때, 통일 후 북측이 아난티에 어느 정도 호의적일 것이라는 관측도 조심스럽게 예상해본다.

북한은 극히 일부 지역을 제외하고 수십 년간 전 세계에 거의 공개된 적 없는 나라다. 남북관계가 개선되고 이미 이전에 진행되었던 금강산 관광이 재개된다면 북한의 관광산업은 반드시 다시 활기를 띨 것이다. 또 한반도의 동해와 서해 해안가를 거쳐 유라시아 대륙을 통과하는 열차가 개통된다면 저렴한 가격으로 이용할 수 있는 철로를 따라 관광객이 폭발적으로 늘어날 것이다. 그리고 태평양으로 연결된 동해의 아름다운 바닷가를 전 세계의 관광객들이 즐길 것이다. 공항과 숙박시설, 교통이 잘 발달된 한국의 관광산업이 가장 큰 수혜를 볼 것은 자명하다. 대한항공을 비롯한 항공사와 아난티를 비롯한 관광 관련 기업들도 함께 특수를 누릴 것이다. 머지않은 미래에 평화생태공원으로 거듭난 DMZ에서 가족과 함께 휴가를 보내게 될 날을 꿈꿔본다.

남북 경협의 중심
'자원'을 주목하라

내가 주시하는 북한의 또 다른 투자 분야는 자원과 물자resources and commodities 부문이다. 2014년 나선경제특구를 방문했을 당시 중국 기업들이 북한 광산에 투자하거나 장기 구매 계약을 체결해 북한의 무연탄을 거의 대부분 먹어치우고 있다는 사실을 포착할 수 있었다. 그들은 13억 7,000만 달러(한화 약 1조 6,408억 원)의 석탄과 2억 9,410만 달러(한화 약 3,522억 4,357만 원)의 철광석을 가져갔다. 또한 희토류 광물들을 이용하기 위해 시도하고 있었다.

경제적으로 개발할 수 있는 북한의 광물·자원은 43종으로 추정된

금속광물 (19종)	금, 은, 동, 철, 연, 아연, 중석, 몰리브덴, 티탄철광, 망간, 크롬, 비스무트(창연), 카드뮴, 니켈, 안티모니, 코발트, 니오븀, 세륨, 이트륨
비금속광물 (20종)	마그네사이트, 석회석, 인상흑연, 활석, 인광석, 형석, 중정석, 납석, 장석, 운모, 연옥, 규석, 규사, 사문석, 고령토, 규조토, 석면, 홍주석, 규회석, 수정
에너지 자원 (4종)	무연탄, 유연탄, 석유, 우라늄

출처: 한국광물자원공사

다고 한다. 중국은 부족한 산업 원료 광물을 확보하기 위해 북한을 비롯해 세계 각국의 자원을 선점하고 있다. 미국 오픈 소스 센터Open Source Center 자료에 따르면 2004년부터 2011년까지 89개의 외국 기업이 북한 지하자원 개발 사업에 진출했는데, 그중 80개가 중국의 기업이었다. 특히 중국 입장에서 북한은 자신들과 가깝고 교류 경험이 많으며 개발 비용이 적게 든다는 점에서 더없이 매력적인 파트너다.

2013년 북한자원연구소에서 내놓은 보고서에 따르면 북한의 광물 매장량은 6조 달러 규모로 추정된다. 또 2018년에 발표한 북한의 주요 지하자원 생산량 추정치 통계표를 보면 매장량 대비 채굴되는 생

2013년 북한 주요 지하자원 매장량과 잠재가치

광종	단위	매장량		잠재가치(백만 달러)	
		확보(잔존)	확보+전망	확보(잔존)	확보+전망
갈탄	억 톤	15	180	192,102	2,301,406
무연탄	억 톤	9	42	117,993	535,422
철광석	억 톤	14	25	137,641	243,038
마그네사이트	억 톤	13	76	498,271	2,933,820
금	톤	234	698	8,084	24,134
동	천 톤	1,475	4,235	10,048	28,855
아연	천 톤	8,875	27,425	10,048	28,855

출처: 북한자원연구소

산량이 상대적으로 매우 적다는 사실을 알 수 있다.

예를 들어 아연의 경우 금속 기준 2,110만 톤(광석 기준 10억 톤)이 매장되어 있는 것으로 밝혀졌다. 함경북도 단천시에 있는 검덕 광산은 세계적 규모의 매장량을 자랑하지만 생산량은 매우 적다. 중석의 경우도 마찬가지로 금속 기준 19만 5,000톤의 매장량을 확보하고 있다. 중국, 러시아에 이어 세계 3위에 해당하는 수치다. 하지만 중석의 생산량은 연간 600톤으로 매장량에 비해 매우 적다. 북한의 마그네사이트 매장량은 광석 기준 60억 톤으로 세계 3위다. 연간 생산량은 120만 톤으로 이 또한 매장량에 비해 매우 적다. 마그네사이트에 함유된 마그네슘은 주로 카메라 플래시램프, 단열재로 쓰이고 가볍고 강도 높은 합금의 성분으로도 활용된다.

내가 가장 관심을 갖고 있는 금의 경우, 매장량은 금속 기준 2,000톤, 세계 6위로 추정된다. 북한의 금 생산능력은 연간 약 15톤 정도이지만 실제 생산량은 약 2톤으로 추정된다. 금은 석탄, 철광석과 함께 북한의 중요한 외화 조달원이다. 하지만 금 광산의 대부분을 군부가 관장하고 있어 정확한 실태가 두터운 장막에 싸여 있다.

한국이 북한 자원 개발에 참여하지 못하는 현재 상황이 계속 이어진다면 한국 입장으로서는 득이 될 것이 없다. 그동안 중국에서 북한의 주요 광산을 개발할 경우, 북한과 한국의 경제가 통합되더라도 한국 기업이 북한 광물을 중국 기업으로부터 사들여야 하는 상황이 발생할 수 있기 때문이다.

남·북한의 궁합이 가장 잘 맞는
경제협력 분야 '자원'

제조업 분야는 광물이 없으면 공장을 멈출 수밖에 없다. 광물이 없으면 자동차도 만들지 못하고, 반도체도 만들지 못한다. 자동차의 총

중량 중 80% 이상을 광물이 차지한다. 자동차는 철 70%, 알루미늄과 마그네슘 8%, 유리 3% 등으로 만들어진다. 한국의 자동차업계에서는 유리를 제외한 광물을 전량 수입한다. 반면 북한은 유용광물이 200여 종에 이를 만큼 풍부한 지하자원을 갖고 있다. 한국광물자원공사에 따르면 공업원료의 70%를 자급할 수 있는 수준이다. 특히 북한은 한국 정부에서 지정한 6대 전략 광물 중 철, 구리, 아연, 니켈을 보유하고 있다. 또 10대 중점 확보 희소금속 광물인 텅스텐, 몰리브덴, 망간, 마그네사이트 등도 보유하고 있다.

북한의 광업은 국가적인 지원 아래 1980년대 말까지 지속적으로 성장했다. 그러나 이후 북한 정부의 지원 축소, 전력 부족, 광산설비 노후화, 자재 부족, 자연재해 등으로 인해 위축되기 시작했다. 한국광물자원공사에서 조사한 자료(〈북한 자원개발사업 실태분석〉(2010))를 보면, 북한의 광산 가동률은 1980년대의 30~60% 수준에 불과한 것으로 추정된다. 즉 북한은 풍부한 지하자원을 가진 대신 광산을 운영할 돈과 기술이 부족하고, 한국은 자원이 부족한 대신 자원을 개발할 자본과 기술을 갖추고 있다.

객관적인 지표로 살펴보면 자원 개발이야말로 한국과 북한이 협력하기에 가장 적합한 분야라 할 수 있다. 특히 남·북한이 광물개발 협력 사업을 통해 얻을 수 있는 이득은 쉽게 무시할 수 없는 수준이다.

우선 산업 원료 광물의 많은 양을 수입에 의존하는 한국은 수입 대체 효과를 거둘 수 있다. 한국 내수의 절반 수준만 북한에서 조달해도 연간 수입 대체 금액이 150억 달러를 넘는다. 또 한국의 광업 관련 업체들이 북한으로 이전함으로써 국제경쟁력을 다시 갖출 수 있다. 아울러 북한 경제를 활성화하면서 남북통합을 도모할 수 있다.

이렇듯 북한 자원 개발 협력 사업을 통한 남북의 시너지 효과가 클 것이라는 예측에도 불구하고 별다른 성과를 내지 못한 까닭은 무엇일까? 특히 개성공단에 비해 현저하게 낮은 건수에 그친 이유는 무엇일

광물자원 분야 남북 시너지 요소		
	북한	한국
생산요소	자원, 노동력	자본, 기술
산업구조	노동집약적 내수 위주	기술집약적 수출 위주
기업 규모	중소기업	대기업
경협 내용	한국에 광물자원 및 원재료 제공	북한에 광업 관련 주요 설비 제공
주요 효과	광물자원 생산기반 정상화 산업의 기초 자본재 생산성 증대 악순환 벗어나 경제 성장	산업원료 안정적 확보 남북 산업의 균형 발전 통일비용 절감

출처: 한국광물자원공사

까? 우선 개성공단은 DMZ와 인접해 있어 한국과 물리적으로 가깝다. 북한의 광산은 개성공단과 한국 사이의 거리보다 멀리 떨어져 있고, 가동에 필요한 전력을 공급하기 어렵다. 또 낙후된 도로, 철도, 항만 상태를 고려할 때 지하자원을 채굴해 가공한 광물을 한국으로 반입하기까지 번거로운 과정을 거쳐야 하므로 비용이 많이 들 수밖에 없다.

만약 자원 개발 협력 사업의 채산성이 맞으려면 새로운 인프라가 깔려야 한다. 하지만 과거 사례를 보면 한국과 북한의 상호 협조가 어려웠던 것으로 분석할 수 있다. 북한 측에서는 한국의 투자기업이 인프라도 갖춰주기를 원했고, 한국 기업으로서는 인프라까지 자신들이 투자한다면 채산성이 맞지 않았기 때문이다. 설비 노후화도 큰 장애요소다. 게다가 광산의 개발과정을 뒷받침하는 제도가 없고, 투자자 지위 보장도 불확실하다. 북한에 투자하고 싶어도 이윤 회수를 담보해주는 제도적 안전장치가 없다. 북한에 합작 투자해서 이익을 올린다고 하더라도 북한이 이윤을 배분해주지 않거나 송금을 막으면 그만이다.

이러한 장애 요소들만 해결된다면 자원은 한국과 북한이 경제협력을 추진할 때 궁합이 가장 잘 맞을 수밖에 없는 분야다. 하루빨리 남북관계가 개선되어 한국이 개성공단을 재가동하고 북한 자원 개발까지도 본격적으로 추진하기를 기대한다.

한국 기업이 고민해야 할
북한 자원 개발 문제

한국 기업이 추진한 북한 광물자원 개발사업은 총 10건이다. 그중 실제로 진행된 것은 흑연과 화강석, 2건에 불과하다. 2010년 천안함 사건이 발발한 이후 두 사업은 모두 중단된 상태다. 북한 광물자원 개발사업의 투자이행 비율은 외국 기업도 낮은 수준이다. 한국광물자원공사의 〈북한 자원개발사업 실태분석〉(2010)에 따르면 외국 기업이 투자계약한 30건 중 이행률은 다섯 건, 즉 17%에 불과하다.

한국에서 사용되는 흑연은 중국과 인도, 브라질 등에서 전량 수입하고 있다. 흑연은 주로 제철, 제강 등의 용광로 부재료로 사용된다. 기술

개발을 통해 부가가치가 더 높은 2차 전지 배터리(음극제)의 핵심 원료로도 쓸 수 있다. 광물자원공사에서는 북한의 흑연 개발 사업을 추진해 성사시켰다. 만약 북한 정촌 광산에서 생산되는 흑연을 안정적으로 들여오게 되면 국내 흑연 수요량의 약 15%를 대체할 수 있다. 화강석 개발 사업은 태림이 진행했다. 태림은 평남 룡강광산, 해주 수양석산 등에서 화강석을 개발하고 개성에서 석재가공 공장을 운영하면서 북한산 화강석을 반입했다.

한국 기업이 놓쳐서는 안 될 '희토류'

북한이 보유하고 있는 자원 중에는 앞으로 한국 기업이 주목해야 할 희토류도 있다. 희토류는 '첨단 산업의 비타민'이라고 불린다. 이는 희토류가 화학적으로 안정 상태이고, 열을 잘 전달하는 특성을 지니고 있기 때문이다. 휴대전화, 2차 전지, 액정표시장치, 광학렌즈, 컴퓨터디스크, 특수자석, 풍력발전 터빈, 레이저 소자 등을 제조하는 데 주로 들어간다. 한국에도 희토류가 매장돼 있지만 품위가 낮아 개발할 수 없다. 현재 한국에서 필요한 희토류를 전량, 대부분 중국에서 수입하고 있는 실정이다.

중국은 희토류가 가장 많이 매장되어 있는 국가다. 전 세계 매장량의 37%라고 알려져 있다. 그런데 독점으로 생산하는 것이라 해도 과언이 아닐 만큼 중국에서 세계 생산량의 97%를 담당하고 있다. 이처럼 중국이 매장량에 비해 압도적인 희토류 공급자가 된 이유는 가격 전략 때문이다. 예전에는 미국 등지의 광산에서도 희토류를 생산했었다. 하지만 중국이 희토류를 저가에 공급하기 시작하면서 중국 이외의 희토류 광산은 경쟁력을 상실해 가동을 중단하게 된 것이다.

북한에는 평안북도 룡포희토류광산을 비롯해 희토류 광산이 여러 군데 있다. 1988년부터 1995년까지 실시된 대규모 정밀탐사에서는 룡포희토류광산에 희토류 1,690만 톤이 매장되어 있다고 확인됐다. 현재 이 광산에서는 지르코늄과 티탄철만 개발되고 있으며, 희토류는 아직 생산되지 않는다.

흑연광산 개발을 통해 본 사업 추진의 난관 지점

북한 자원 개발 사업 중 흑연광산은 구체적으로 들여다볼 가치가 있다. 북한 입장에서는 한국 기업의 투자를 받아 광산을 정상적으로 가동해 수익을 올리는 것이 절실해 보였지만, 정작 북한 당국을 움직여 개발까지 이끌어내는 데는 난관이 겹겹이 가로막고 있었다. 이 사례를 통해 우리는 북한이 문호를 개방하더라도 자원 개발 사업을 추진하는 데 많은 노력이 필요할 것임을 예상할 수 있다. 북한자원연구소에서 펴낸《새로운 지하자원의 보고, 북한》(2011)을 살펴보면 북한의 광산 현황과 실제 개발에 착수했을 때 예상되는 어려움을 자세하게 서술하고 있다.

노무현 정부 시절인 2003년 5월 대한광업진흥공사(현 한국광물자원공사)에서는 황해남도 연안군 용호(정촌)에 있는 정촌 흑연광산을 기술조사했다. 광산시설 중 채광장비를 비롯한 대부분의 장비들이 고장난 상태였다고 한다. 광산 지배인에 따르면 굴삭기(포크레인)나 트럭은 1960년대에 체코슬로바키아에서 수입한 것이다. 선광장(광산에서 바로 캐낸 광석의 품질을 높이는 작업을 하는 장소)의 기계들은 움직이고 있었지만, 대부분 임시적인 것이었다. 또 전력이 부족하고 안정적이지 않아서인지 기계가 자주 멎는 형편이었다. 광산 지배인이 들려준 운영과 관련된 속사정에 따르면, 광산을 독립채산제로 운영하고 있으며 장비부터 소모품까지 직접 사야 하는 어려움도 있었다.

북한과의 계약 협상은 일곱 가지 쟁점을 놓고 지구전으로 이뤄졌다. 쟁점은 계약 형식, 회사 존속 기간, 하자보수 기간, 상환 기간, 상환액 산정 기준, 분쟁해결, 재정 및 부기 체계였다. 우여곡절 끝에 광물자원공사와 삼천리회사는 2003년 7월 17일 계약서에 서명했다. 광물자원공사는 지분 50%를 취득하는 대가로 60억 원 상당의 현물을 출자했다. 착공식은 2004년 3월 24일에 열렸다. 2006년 4월에 선광장이 준공됐다.

남북, 어떻게 수익을 나눌 것인가

쟁점 중 합작 방식과 투자비 상환 방식을 타결한 방식에 대해 짚고 넘어갈 필요가 있다. 합작 방식은 '합작계약'과 '합영계약' 중 합작계약으로 결정됐다. 합영계약은 양측이 북한에 합영회사를 만들고 공동으로 광산을 운영하는 방식이다. 합작계약은 광물자원공사가 투자만 하고 삼천리회사가 광산 운영을 맡는 방식이다. 합영계약의 장점은 광물자원공사가 광산 생산 등에 대해 통제할 수 있다는 것이다. 그러나 현실적으로 통제가 쉽지 않았고, 경영진을 현지에 장기간 근무하게 하는 데에도 어려움이 컸다.

투자비 상환 문제에서는 광물자원공사가 생산물 상환 방식을 제안했고, 북한이 합작회사 이익을 원천으로 배분하는 방안을 고집했다. 광물자원공사는 합작회사 경영 현황을 정확히 파악하지 못하는 상황에서는 이익 배분을 받아들일 수 없었다. 북한이 고의로 이익을 줄이거나 적자를 내는 상황을 배제할 수 없었기 때문이다.

광물자원공사는 생산물 상환 방식의 장점을 북한 측에 이렇게 설명했다. "처음부터 일정량을 우리 투자비 상환 몫으로 정해놓으면 나중에 원래 생산계획보다 많이 생산해도 우리한테 많이 줄 필요가 없다. 광산 경영만 잘하면 북한 측 이익이 더 많아질 수도 있다."

2007년 4월 정촌 흑연광산이 가동되기 시작했다. 2007년 11월에 생산물 중 200톤이 처음으로 한국으로 반입됐다. 남포항에서 선적돼 인천항에 도착했다. 이어 12월에 350톤이 2차 반입됐다. 2008년에는 894톤이 생산됐으나 국내 반입은 되지 않았다. 2009년에는 1,500톤이 생산됐고, 2010년에 300톤이 3차로 반입됐다. 정촌 흑연광산 합작사업은 천안함 사건 이후 2010년 5월에 중단됐다.

한반도 평화를 기대하는
동북아 에너지 협력 프로젝트

오래전부터 나는 에너지 분야에도 관심을 가져왔다. 내가 투자자로
서 큰 성과를 거둔 영역이기도 하다. 에너지 분야는 다른 분야보다 한
층 더 수급 변화에 주목해야 한다. 앞서 말한 바대로 원유 시장의 수
요와 공급을 면밀히 분석하고 원유 분야에 투자해 1973년 제1차 오
일쇼크 때 높은 수익률을 올렸다. 2010년대 초반부터는 책이나 언론
인터뷰를 통해 '거품이 많은 석유 대신 저평가된 천연가스를 공부하
라'는 조언을 계속 해오고 있다. 즉 "국제에너지기구International Energy
Agency 가 발표한 성명에 따르면 석유 매장량이 매년 약 6%씩 감소하

고 있으므로 장기적으로는 결국 공급 문제가 발생해 석유 시장이 심각하게 불안정해질 것"이라고 말해왔다.

이런 전망에 따라 나는 앞으로 로저스국제원자재지수Rogers International Commodity Index·RICI®에서 천연가스의 위치가 더 올라가리라 예상한다. 1998년 개발에 착수해 내놓은 이 지수는 전 세계 소비 경제에서 유동성과 가중치를 기준으로 농산물과 금속·광물, 에너지 관련 실물 등 38개의 실물 상품들의 가격 변화를 나타낸다. 이 지수에서 천연가스 비중은 2018년 기준 약 6%로, 원유(15%), 브렌트유(13%)에 이어 3번째 자리를 차지한다.

모든 상품은 수요와 공급의 법칙에 명운이 달려 있다. 지난 50년간 세계적으로 석유 매장량이 늘어난 곳이 나타나지 않았고 공급 감소가 확연하게 드러나는 추세를 봤을 때, 그 위대한 석유의 시대는 머지않아 쇠퇴의 길을 걸으리라는 사실은 자명하다.

에너지를 중심으로 관계 강화에 나선 중국과 러시아

최근 중국과 러시아가 에너지, 특히 천연가스를 중심으로 무역 규모를 키우면서 이해관계를 강화하고 있다. 중국인들은 막대한 돈을 들고서 러시아 시장을 찾아가 쇼핑하고 있고, 러시아인들은 에너지

석유 상품

(단위: 100만 톤)

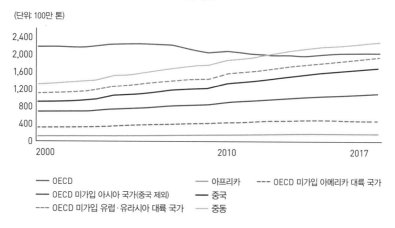

- ── OECD
- ── OECD 미가입 아시아 국가(중국 제외)
- ─── OECD 미가입 유럽·유라시아 대륙 국가
- ── 아프리카
- ── 중국
- ── 중동
- ─── OECD 미가입 아메리카 대륙 국가

천연가스

(단위: 억 세제곱미터)

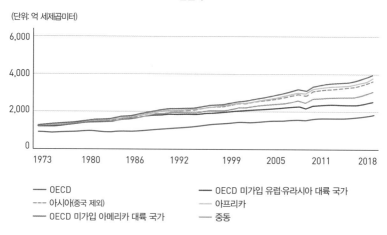

- ── OECD
- ─── 아시아(중국 제외)
- ── OECD 미가입 아메리카 대륙 국가
- ── OECD 미가입 유럽·유라시아 대륙 국가
- ── 아프리카
- ── 중동

출처: 국제에너지기구IEA

를 비롯해 농산물, 무기 등을 적극적으로 중국에 팔고 있다. 2018년 러시아 블라디보스토크에서 열린 동방경제포럼에 참석했을 당시 중러 간 무역 규모가 1,000억 달러(한화 약 119조 7,600억 원)에 달한다는 사실을 들었다. 러시아의 많은 회사가 중국의 일대일로一帶一路 이니셔티브에 따른 유리한 조건을 발판 삼아 동부에서 서부로 상품을 직접 공급할 수 있는 유라시아횡단철도를 활용하는 데 관심이 무척 높다는 사실 또한 체감할 수 있었다.

사실 중국과 러시아의 천연가스 거래는 논의가 시작된 이후 수십 년이 지나서야 이루어졌다(자세한 내용은 '한반도 리포트'에서 다룬다). 러시아와 중국의 가스 협력은 얼마 전까지만 해도 저유가, 미국의 동북아시아에 대한 천연가스 수출, 에너지 안보를 위한 중국의 수입 국가별 비중 관리 등을 이유로 성사 가능성이 낮다고 여겨졌다. 그러나 이제 러-중 천연가스 프로젝트는 활발히 진행 중이다. 4,000억 달러(한화 약 479조 원) 규모의 PNG 공급 계약을 체결해 러시아 가스관의 지선을 중국에 건설하는 사업을 중심으로 에너지 수입국가인 중국과 에너지 수출국가인 러시아의 이해가 결국 양국 협력으로 이어진 것이다.

러시아 가스관을 블라디보스토크에서 끌어와 북한을 거쳐 한국까지 설치하는 사업도 끊임없이 논의되고 있다. 만약 남북 관계가 이른 시일 내에 개선되지 않을 경우를 대비해 북한을 경유하지 않고 중국에서 황해 해저를 거쳐 한국으로 가스관을 까는 방안도 검토 중이다. 그 밖에 전력망 연계 사업도 일부 실행되고 있다.

남북러 3국을 잇는
가스관 프로젝트의 미래

남북러 가스관 사업은 시일이 걸리더라도 성사될 것이다. 무엇보다 한국, 러시아, 북한 3국의 이해관계가 맞아떨어지기 때문이다. 세계적인 추세이기도 한 에너지 전환 프로젝트는 한국에 있어서도 국가 차원의 높은 관심도와 대규모의 사업인 것으로 알고 있다. 특히 최근 몇 년간 미세먼지로 고통받아온 환경 문제와 함께, 면적 대비 원전 수가 상대적으로 많아(한국의 원전 밀집도 수준을 살펴보면 10만 제곱킬로미터당 원전 수가 25.7개로, 일본[11.5개]의 두 배 이상, 미국[1.1개]의 25배에 달해 세계 1위에 해당된다) 원전 사고의 위험과 피해 가능성이 높다는 점을 고려했을 때 재생에너지 개발 및 전환은 당위성이 높은 사업일 것이다(앞으로 서술할 내용에 포함된 통계 수치 등은 계기마다 보도된 여러 언론매체의 기사에서 인용했음을 밝힌다).

한국의 상황을 고려할 때 러시아의 천연가스는 경제적인 측면에서도 매력적이다. 러시아 가스를 들여오면 우선 수입선 다변화 효과를 거둘 수 있다. 한국은 2016년을 기준으로 전체 가스의 절반 수준을 중동에서, 30% 수준을 동남아에서 수입한다. 따라서 러시아 가스를 들여오게 되면 두 지역의 수입 비중을 낮출 수 있다. 러시아 PNG는 저렴하다는 장점도 있다. 가스 수송비는 거리가 가까울수록 적게 드는데, 러시아는 다른 가스 수출국에 비해 지리적으로 한국과 매우 가깝다. 러시아에서 가스관으로 끌어오면 중동의 LNG(액화천연가스)보다 비용이 20%가량 저렴할 것으로 예상된다.

러시아의 입장에서는 한국에 PNG를 수출함으로써 수출선을 다변화할 수 있다. 러시아는 2016년에 전체 수출의 80%가량을 유럽에 의존하고 있다. 아시아·태평양에 대한 수출 비중은 7%에 불과하다. 2009년에 러시아 정부는 이런 불균형을 개선하고자 2030년까지 아·태 지역으로의 가스 수출을 19~20%까지 끌어올린다는 목표를 세워 추진하고 있다. 2015년에는 목표를 다시 상향조정해 2025년까지 32~38%, 2035년까지 42~44%로 늘린다는 계획이다.

한국과 러시아 양국은 두 나라를 잇는 가스관 사업을 통해 북한과의 관계 개선을 도모할 수 있다. 북한도 가스관 개발이 이뤄지면 연간 1억 달러 상당의 가스 통과료 수입을 거둘 것으로 예상할 수 있다. 북한의 연간 총 수출액이 30억 달러라는 사실과 비교하면 통과료 수입은 북한 경제에 상당히 의미 있는 규모다(2017년 유엔 안보리의 2371호

제재로 석탄, 철광석, 납, 수산물의 수출이 전면 금지됐고, 당시 이 조치로 인해 북한의 연간 수출액은 20억 달러로 감소할 것으로 예상됐다).

　러시아 블라디보스토크에서부터 북한을 거쳐 한국으로 이어질 것이라 예상되는 가스관은 북한의 핵 개발에 따른 제재 문제로 현재 멈춰진 상태다. 자국의 셰일가스shale gas를 한국에 수출하고자 하는 미국 측의 압력도 장애 요인이다. 남북러 3국 가스관 협력과 북핵 문제가 앞으로 어떤 관계 속에서 어떻게 전개될지 주목해야 할 대목이다. 그 끝에 있을 긍정적인 결과를 조심스럽게 예상해본다.

동북아 경제협력의 핵심
'에너지'

동북아 지역은 역동적인 경제 성장과 함께 세계 에너지 소비의 중심지로 부상했다. 전 세계 에너지 소비의 3분의 1 이상을 이 지역에서 소비하고 있다. 중국은 세계 1위 에너지 소비국이자 수입국이다. 공급 측면에서 보면, 동북아 지역에는 부존 에너지 자원이 많고 개발 잠재력이 크다. 따라서 동북아 국가들은 에너지 분야에서 협력할 사업이 많다. 김연규 한양대 국제학부 교수는《한국의 에너지 전환과 북방경제협력》(2018)의 서문에서 동북아 국가들이 에너지 협력을 통해 "역내 에너지 자급도를 높이고 역내 에너지 안보에도 크게 기여할 수 있다."고 기대했다.

가장 대표적인 에너지 협력 프로젝트는 중국의 러시아 천연가스 수입이다. 2014년에 두 나라가 합의에 이른 프로젝트보다 무려 20년 전인 1994년에 처음 논의되기 시작했다. 양국 중 중국의 사정이 더 절실했다. 중국은 1993년에 원유 순수입국이 됐고, 2007년에 가스 순수입국이 됐다. 에너지를 해외에 의존하는 경향이 커지자 중국 지도부에서는 에너지 안보를 주요 과제로 삼을 수밖에 없었다.

중동 정세가 불안해지면 중국의 경제는 차질을 빚거나 심한 경우 멈추게 된다. 미국이 말라카 해협을 봉쇄하기라도 하는 최악의 경우도 가정하지 않을 수 없다. 말라카 해협은 수마트라 섬 동해안과 말레이반도의 남부 서해안 사이에 있고, 인도양과 태평양을 연결하는 최단 항로다. 중국이 예상 가능한 모든 시나리오에 대비해 에너지 안보를 확보하려면 원유와 가스 수입선의 다변화가 불가결했다. 그리고 그 대상으로 러시아를 삼은 것이다.

러시아 입장에서 중국과 협력하게 된 데에는 중국이 수출 대상으로서 꼭 필요했다기보다 당시 상황이 크게 작용했다. 러시아는 2014년 우크라이나의 크림반도를 점령한 이후 서방으로부터 경제 제재를 받게 됐다. 그 결과 미국과 유럽연합EU 회원국들로부터 신규 투자를 유치하고 건설 장비를 수입하는 데 차질을 빚었다. 물론 우크라이나가 러시아로부터의 가스 수입을 중단한 것은 자명하다.

한러 가스관, 2004년에 최초 합의

한국도 중국처럼 오래전부터 러시아 가스 도입에 대한 논의를 검토했다. 1980년대 정주영 현대그룹 회장에 의해 처음으로 구상하기 시작했다. 1992년에는 노태우 대통령이 서울 한러 정상회담에서 보리스 옐친 러시아 대통령과 차얀다 가스전 공동개발에 관한 의정서를 체결했다. 그러나 이 의정서 또한 구상 단계에 그쳤다. 2004년에는 노무현 정부와 러시아 정부가 블라디보스토크-북한-한국에 이르는 가스관 건설에 관한 양해각서에 서명했다. 2006년에는 가스거래에 관한 협정에 서명했다. 이 협정 역시 이행되지 못했다. 가스관이 지나가는 북한에서 아무 관심을 보이지 않았기 때문이다. 2008년 9월 이명박 정부는 러시아 정부와 가스 수입 규모를 키운 양해각서에 서명했다. 이 양해각서 또한 실행되지 못했다. 2009년 5월 북한의 제2차 핵실험과 2010년 천안함 사건 및 연평도 공격에 따라 막히고 말았다.

이렇듯 지난한 과정을 통해 구상과 논의, 협정 파기를 반복하던 한러 가스관 사업 추진에 반전이 일어났다. 김정일 북한 국방위원장이 가스관 사업에 참여하기로 한 것이다. 김 위원장은 2011년 8월 러시아를 방문해 북러 정상회담을 갖고 남북러 가스관 건설에 대해 논의할 3국 전문가들의 특별위원회를 설치하기로 합의했다. 같은 해 9월에 한국가스공사와 러시아의 국영 천연가스회사 가스프롬Gazprom이 가스관 건설 로

드맵에 서명했다. 로드맵의 내용은 2013년에 가스관을 건설하기 시작해 2016년에 완공하고 2017년부터 가스를 공급한다는 것이었다. 하지만 안타깝게도 이 로드맵 또한 실현되지 못했다. 북한이 2013년 2월 제3차 핵실험을 감행하면서 판이 깨진 것이다. 이후 남북관계가 경색되면서 가스관 사업은 다시 원점으로 돌아갔다.

한중러 가스관 등 대안도 있어

북한을 통과하는 가스관이 동북아 에너지 협력의 유일한 방안은 아니다. 북한을 지나지 못한다면 중국 동부 노선에서 지선을 따낸 다음, 산둥성을 거쳐 황해에 해저 가스관을 까는 방법도 있다. 북한을 우회한 한중러 가스관이다. 해저에 가스관을 깔면 공사 비용이 더 소요될 것이라고 생각하는 사람이 많다. 그러나 남북러를 지나가는 가스관보다 한중러를 잇는 가스관의 건설비용이 덜 든다. 해저 가스관의 길이가 훨씬 짧아 3분의 1에도 못 미치기 때문이다. 또한 한중러 가스관은 북핵 문제와 무관하게 추진할 수 있다. 단, 중국 내의 통과 구간이 북한 내의 통과 구간보다 훨씬 길기 때문에 가스관을 통해 가스를 수입하는 데 따르는 통행료 면에서 중국 쪽이 더 비쌀 수 있다.

한국과 러시아의 LNG 무역 확대도 생각할 수 있다. 한국은 2009년부터 사할린 천연가스를 LNG로 도입하고 있다. 2017년 기준으로 천연가스 중 약 6%를 러시아에서 수입하고 있다. 한국 정부 입장에서는 에너지 전환 정책을 안정적으로 추진하기 위해 러시아의 LNG가 필요하고, 러시아는 천연가스 수출선을 다변화하기 위해 한국 시장이 필요하다.

또한 국가 차원과 전력회사 차원 등 다층적으로 동북아 전력망 연계가 논의되고 있다. 2016년 중국은 러시아로부터 자국 총전력소비의 0.05%에 해당하는 약 3,320기가와트의 전기를 수입했다. 몽골도 총전력소비의 20%에 해당하는 전기를 중국과 러시아로부터 수입한다. 이에 러시아는 2016년 10월 '아시아 에너지고리 사업'을 제안했다. 러시아, 중국, 몽골, 카자흐스탄, 한국, 일본 등이 참여해 국가 간 전력거래를 협의하자는 내용이었다. 또 한국, 중국, 일본, 러시아 4개국 전력회사들은 앞서 같은 해 3월 '동북아 전력계통연계 공동연구 협력 MOU'를 체결하고 서로 협력하기로 했다.

유라시아를 뒤흔들
새로운 철로와 항로 시대의 서막

세계 인구의 75%, 42조 달러의 GDP가 모인 대륙, '유라시아'. 나는 향후 10~20년 동안 이 웅장한 대륙에서 일어날 거대한 변화를 기대한다. 그 시작에 바로 한반도가 있다. 유라시아 대륙 동쪽 바닷길을 여는 길목에 자리한 한반도는 분단의 세월을 지나왔고, 지금도 갈라져 있다. 그동안 북쪽은 철저히 고립되었고 남쪽은 의도치 않게 일종의 섬나라가 되어 지리적 이점을 전혀 누리지 못했다.

1999년 내가 모터바이크를 타고 유라시아 대륙을 횡단했을 당시, 유럽과 중앙아시아, 중국을 지나 한국을 찾았듯 모든 길은 자연히 대륙의 끝을 향한다. 그래서 한반도의 철도와 항구가 열리는 순간, 세계의 모든 자본과 물류 그리고 사람들이 한반도를 끊임없이 넘나들게 되리라 확신한다.

유라시아 대륙의 국가들 역시 이러한 사실을 충분히 잘 알고 있다. 앞서 말했듯 중국과 러시아는 일찍이 북한과의 접경 지역인 훈춘과 하산 지역에 대한 투자를 시작했다. 내가 나진항을 방문했던 2014년에도 당시 중국 기업가들의 강한 투자 의지와 러시아의 수출 상품을 실은 선박들을 보면서, 이들이 언젠가 다가올지 모르는 개방의 순간을 숨죽여 기다리고 있다는 것을 느낄 수 있었다. 그리고 두 나라만큼, 아니 그보다 더욱 간절히 개방을 기대하는 나라가 있었다. 바로 북한이었다.

대륙횡단철도와 북극항로가
그리게 될 새로운 투자 지형

나진항에서 만난 북한 기업가들과 관료들은 해외 투자 유치에 관심이 많았다. 당시 나진항의 분위기는 1980년대 초 개방 직전의 시장 경제가 들어서기 시작한 중국의 모습을 닮아 있었다. 나진과 하산을 잇는 철도를 개보수하기 위해 들어온 한 러시아 철도 기업은 "저렴한 인건비 대비 숙련된 북한 노동자들의 생산성 효과는 매우 훌륭하다."

고 극찬하기도 했다. 그만큼 중국과 러시아 기업들의 적극적인 고용으로 북한 노동자들 역시 인근 지역으로 꽤 많이 진출해 있다는 사실을 알 수 있었다.

하지만 안타깝게도 나진, 훈춘, 하산으로 이루어진 삼각지대의 시계는 현재 멈춰 있다. 2016년 유엔 안보리 대북 결의안에 따라 대북 무역과 개발 계획이 사실상 전면 중단되었기 때문이다. 이곳의 멈춰버린 시계를 다시 돌릴 수 있는 길은 북핵 문제해결뿐 아니라 남북 교류를 통한 대륙횡단철도와 북극항로의 시대를 여는 것이다.

남·북한 간 한반도종단철도TKR가 이어지면 만주횡단철도TMR, 몽골횡단철도TMGR, 중국횡단철도TCR, 시베리아횡단철도TSR와 모두 이어져 세계 최단 거리의 '아시아-유럽-아시아' 통과회랑이 완성된다. 그러면 지금까지와는 전혀 다른 차원의 국제 협력이 가능해질 것이다. 기존에는 서유럽에서 동아시아로 화물을 이동시킬 때 해상을 거쳐 30~40일 안팎의 시간이 소요됐다. 만약 철도를 이용하게 되면 이를 13~18일 정도로 단축시킬 수 있게 된다.

또한 해운의 실크로드라 할 수 있는 북극항로의 다양한 경로 개척 또한 관심을 가져볼 만한 이슈다. 극동과 유럽을 오가는 항로는 두 차례에 걸쳐 단축됐다. 우선 인간의 힘으로 수에즈운하를 개통해 항로를 단축시켰다. 두 번째로는 지구온난화의 역설로 인해 항로가 단축됐다. 그 항로가 바로 북극항로다. 인간이 일으킨 지구온난화의 위기가 항로 단축이라는 '긍정적인 부작용'을 낳은 것이다.

항로의 효율면에서는 북극항로가 수에즈운하보다 유리하다. 북극항로는 수에즈운하를 경유하는 기존 항로보다 거리가 짧아 항해일수와 물류비를 크게 줄여준다. 한국의 부산에서 출발해 북유럽에 도착하는 물류운송의 운항시간을 최대 절반까지 단축할 수 있다.

현재 북극항로를 거치는 화물운송은 러시아 원유와 가스를 아시아 등 지역으로 나르는 용도로 주로 사용된다. 야말반도에서 생산되는 LNG와 러시아 북극해 노비포르트에서 생산되는 원유가 주로 수송된다. 또 다른 용도로는 유럽과 아시아 간의 물류운송에 사용된다. 한국을 비롯한 대다수 나라의 선사들이 북극항로를 유럽과 아시아 사이의 최단 운항로로 활용하고자 한다.

북극항로 물동량은 2013년부터 다시 증가하고 있는 추세다. 러시아 북극해 항로국의 통계자료에 따르면 1987년 658만 톤을 기록한 이래 감소하다가 2013년에 상승 추세로 바뀌었다. 2017년 968만 톤, 2018년 11월 현재 1,601만 톤을 기록했다. 2018년 5월에 푸틴 러시아 대통령이 북극항로 물동량을 2024년에 8,000만 톤까지 끌어올 것을 목표로 제시하기도 했다.

북극항로를 이용한
국가들

최초의 북극항로 컨테이너선 운항의 테이프는 덴마크가 잘랐다. 덴마크의 머스크가 2018년 내빙 컨테이너선 벤타 머스크호를 북극항로에 투입해 시범운항에 성공했다. 벤타 머스크호는 같은 해 8월 27일에 부산항에 입항했다. 북극항로를 가장 많이 활용하고 있는 국가는 중국이다. 중국의 국영선사인 중국원양운수cosco는 2013년부터 현재까지 북극항로를 이용해 모두 22차례에 걸쳐 화물을 운송했다. 앞으로 컨테이너선의 운항도 늘어날 것으로 기대된다.

한국은 2013년 이후 몇 차례에 걸쳐 북극항로를 경유해 화물을 운송했다. 현대글로비스가 2013년 나프타naphtha를 실험운항했고, CJ대한통운과 팬오션은 각각 2015년과 2016년에 중량물을 운송했다. 그밖에 SLK국보는 2016년에 카자흐스탄으로 중량물을 복합운송했다. 2017년 이후로는 실적이 없는 상태다.

1년 내내 얼음이 얼지 않는 극동지역에 위치한 북한의 나진항, 서서히 북극항로를 이용하고자 하는 한국의 부산항과 동해안 일대의 항구들 모두 새로운 해양 경제의 길을 열 것으로 기대된다. 북극항로를 이용해 화물을 운송할 경우 기존 항로에 비해 운항거리를 7,000킬로미터, 즉 30%가량 단축할 수 있고, 운항기간 역시 기존 30일에서 10일을 단축시켜 20일 정도면 도착한다고 한다. 그만큼 유라시아 대륙뿐 아니라 북미, 일본의 관심도 매우 높아 이에 따른 경제적 효과는 매우 클 것이다.

한국 조선사, 야말 2차 프로젝트 수주 관심

북극항로가 열리면서 가장 수혜를 보는 업종이 바로 조선이다. 대우조선해양은 2014년 야말 프로젝트에 투입될 쇄빙 LNG 운반선 15척을 모두 수주했다. 수주 금액만 48억 달러에 달했다. 그중 10척을 인도했고, 2019년 6월 현재 남은 5척을 건조하고 있다.

야말 프로젝트란 서부 시베리아 야말반도에 매장된 천연가스를 채취해 공급하는 사업을 가리킨다. 야말반도에 매장된 천연가스는 1조 2,500세제곱미터로 추정된다. 세계에서 손꼽히는 자원개발 업체들인 러시아 노바텍Novatek, 프랑스 토탈Total, 중국석유천연기집단China National Petroleum Corporation, CNPC 등이 이 프로젝트에 참여하고 있다.

러시아 국영 선주사인 소브콤플로트Sovcomflot는 천연가스를 운반할 쇄빙 LNG 운반선을 대우조선해양에 발주했다. 대우조선해양이 세계 최초로 건조한 쇄빙 LNG 운반선은 '크리스토프 데 마제리'Christophe de Margerie라는 이름을 받았다. 푸틴 대통령은 2017년 6월 상트페테르

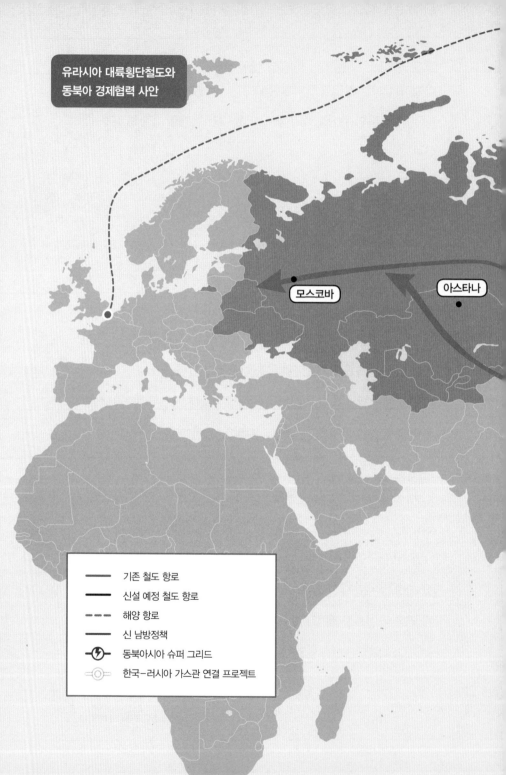

유라시아 대륙횡단철도와
동북아 경제협력 사안

모스코바

아스타나

기존 철도 항로

신설 예정 철도 항로

해양 항로

신 남방정책

동북아시아 슈퍼 그리드

한국−러시아 가스관 연결 프로젝트

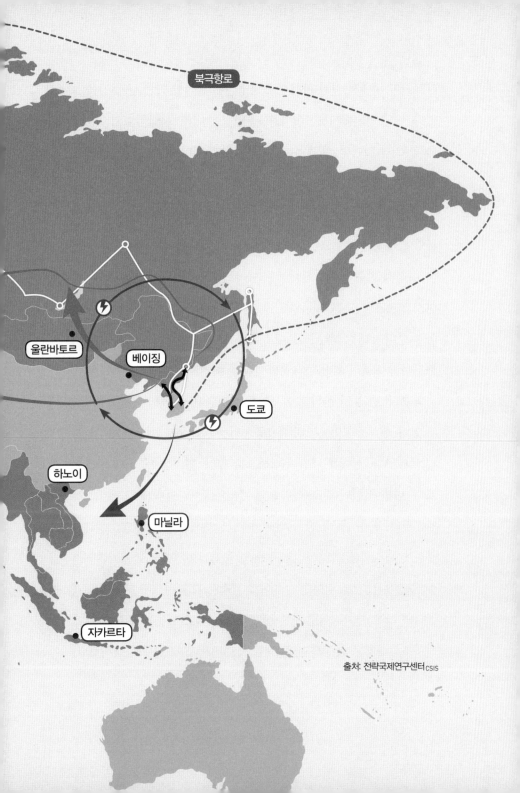

북극항로

울란바토르

베이징

도쿄

하노이

마닐라

자카르타

출처: 전략국제연구센터CSIS

부르크 항구에서 열린 마제리호 명명식에 참석할 만큼 큰 관심을 보였다. 그날 연설에서도 쇄빙 LNG운반선에 대해 "북극항로의 가능성을 활짝 연 것이며, 유럽뿐 아니라 전 세계 에너지 산업 발전에 크게 공헌하게 될 것"이라고 의미를 부여했다.

2019년 6월 기준 '야말 2차 프로젝트'에 투입될 쇄빙 LNG운반선 물량이 발주를 앞두고 있다. 야말 2차 프로젝트에서는 쇄빙 LNG운반선 14척의 발주가 예상된다. 러시아 국영석유회사 노바텍이 자국 조선소 즈베즈다Zvezda와 44억 5,000만 달러(한화 약 5조 3,289억 원)에 달하는 예비계약을 맺었고, 즈베즈다는 2019년 중으로 한국 조선사와 파트너십을 맺고 쇄빙 LNG운반선을 공동 건조할 것으로 예상된다.

최근 몇 년 동안 한국 조선사들은 즈베즈다와 협력 관계를 강화하고 있다. 현대중공업은 현대삼호중공업을 통해 2017년 6월 합작회사인 즈베즈다-현대를 세워 운영해오고 있다. 현대삼호중공업은 즈베즈다-현대에 선박 건조에 필요한 설계와 구매, 인력 등의 서비스를 제공한다. 또 삼성중공업은 2018년 9월 즈베즈다와 합작법인 설립을 위한 양해각서를 맺었다. 삼성중공업은 합작법인에 셔틀탱커(왕복운송전담유조선) 건조 경험을 공유하고 선박의 기술 사양과 디자인도 제공하며 세부 엔지니어링 도면을 개발하는 데도 도움을 주기로 했다. 대우조선해양은 북극해 자원 개발에 대비해 2008년부터 극지용 선박에 대한 연구·개발과 투자를 선제적으로 진행해왔다. 또한 앞서 소개한 것처럼 한국 조선 3사 가운데 유일하게 쇄빙 LNG 운반선을 인도한 경험이 있다.

앞으로 북극항로가 붐비게 되면 부산항이 북극항로의 아시아 관문항이 될 수 있다. 이미 덴마크의 컨테이너선 벤타 머스크호 등 북극항로를 운항한 선박들이 부산항에서 유류를 공급받고 선원을 교대하며 새로운 국제항으로서의 경험을 쌓고 있다.

현재 한국이 추진 중인 '신북방 정책'과 '신남방 정책', 이 두 갈래 정책이 담고 있는 인프라 비전을 보면 아시아의 신흥 중견 강국들이 지정학적 불확실성을 어떻게 헤쳐나갈 수 있는지를 보여준다. 특히 한반도를 중심으로 주변 국가 간에 자연스럽게 연동되는 협력 경로가 그려진다. 위 정책들은 시진핑 주석의 '일대일로' 전략과 푸틴의 '신동방 정책'의 마지막 퍼즐이기도 하다. 이런 맥락에서 대륙횡단철도와 북극항로는 매우 핵심적인 역할을 할 것이고, 따라서 남북관계 개선 시 최우선으로 선제되어야 할 과제다.

문재인 대통령의 구상
'동아시아철도공동체'

문재인 대통령은 2019년 5월 〈프랑크푸르트 알게마이네 차이퉁〉 기고
에서 "유럽석탄철강공동체를 모델로 동아시아철도공동체를 동북아시
아의 에너지공동체, 경제공동체로 발전시키고자 한다."고 밝혔다. 동아
시아철도공동체 구상은 유럽석탄철강공동체를 떠올리게 한다. 유럽석
탄철강공동체는 프랑스 전 외무장관 로베르 슈만Robert Schuman 의 구상
으로 거슬러 올라간다. 슈만 외무장관은 1950년에 프랑스와 독일이 석
탄·철강 공동시장을 구성해 운영하자고 제안했다. 공동시장은 석탄·
철강산업 분야에 대한 관리권을 일정한 독립기구에 위임할 의사가 있는

나라들로 구성하자는 아이디어였다.

두 나라를 포함한 6개국, 즉 네덜란드, 룩셈부르크, 벨기에, 서독, 이탈리아, 프랑스가 1951년 조약에 비준하고 이 기구를 발족했다. 1973년에 덴마크, 아일랜드, 영국이 가입했고, 1981년에 그리스가, 1986년에 포르투갈과 스페인이 회원국이 됐다.

유럽석탄철강공동체의 궁극적인 목적은 유럽 통일국가의 형성이었다. 이 기구가 EU로 발전한 것은 아니다. 그러나 로베르 슈만처럼 비전을 품고 구체화하고 실행해나가는 사람들에 의해 EU는 만들어졌다.

문재인 대통령이 구상한 동아시아철도공동체 비전은 다음과 같이 요약된다.

"남한과 북한이 끊어진 철도를 이어 한반도종단철도TKR를 완성하면 한반도에서 대륙을 거쳐 유럽까지 '철의 실크로드'로 이어진다. 아울러 중국, 러시아, 몽골이 '동아시아철도공동체'로 긴밀하게 엮이게 된다. 상호 협력을 통해 이 지역의 안정과 통합을 꾀할 수 있다."

TKR은 한반도를 중앙아시아 및 유럽과 연결한다. 현재까지 검토된 한반도의 대륙 연결 철도망 중에서 가장 실현 가능한 노선은 한국과 북한, 러시아 3개국을 통과하는 원산~두만강역~시베리아철도TSR 연결 노선으로 분석된다. 원산~두만강역~TSR 노선은 부산·광양에서 출발하여 북한의 원산, 청진, 나진을 거쳐 북한의 국경 역인 두만강역에서 러시아의 하산을 통과한 다음, 우수리스크에서 TSR과 연결된다.

한국은 오래전에 이미 TSR과 연결돼 있었다. 고종의 특사였던 이준 열사가 일본의 강요로 을사조약이 체결됐음을 알리고자 헤이그평화회의에 참석하기 위해 탔던 열차가 TSR이다. 손기정 선수도 1936년에 TSR를 타고 베를린에 갔고, 올림픽 마라톤 금메달을 목에 걸었다.

문재인 대통령은 후보 시절부터 한반도와 동북아지역에 평화경제협력공동체를 형성하겠다는 구상을 밝혀왔다. 동아시아철도공동체는 이를 구체화한 것이다. 2018년 8·15 광복절 경축사에서는 "동북아 6개국과 미국이 함께하는 동아시아철도공동체를 제안한다."고 밝혔다. 이어 "이 공동체는 우리 경제 지평을 북방대륙까지 넓히고 동북아 상생·번영의 대동맥이 되어 동아시아 에너지공동체와 경제공동체로 이어질 것"이라고 기대했다.

문 대통령이 연설에서 언급한 동북아 6개국은 남·북한과 일본, 중국, 러시아, 몽골이다. 이 구상을 실현하기 위해 중국의 '일대일로', 러시아의 '신동방 정책', 몽골의 '초원의 길 이니셔티브' 등과 연계하겠다는 뜻도 함께 밝힌 것이다.

한국, 국제철도협력기구에 정회원 가입

2018년 6월, 문 대통령의 동아시아철도공동체 구상의 시작을 알리는 침목 하나가 놓였다. 한국이 유라시아 대륙의 철도 운영국 협의체인 국제철도협력기구OSJD에 정회원으로 가입하게 된 것이다. 1956년에 설립된 OSJD는 폴란드 바르샤바에 본부를 두고 있고, 북한, 중국, 러시아 등 28개 국가가 회원국이다. OSJD는 회원국의 만장일치로 신규 회원국 가입을 승인하는데, 그동안 한국의 OSJD 가입을 반대하던 북한이 찬성의 입장으로 돌아서면서 성사되었다.

OSJD의 회원국들은 28만 킬로미터 노선에서 화물열차 200만 대를 운행하고 있다. 특히 TSR, TCR(중국횡단철도), TMGR(몽골횡단철도) 등 유라시아 횡단철도가 지나는 모든 국가들이 철도 교통 신호, 표준 기술, 통행료, 운행 방식 등의 통일된 규약을 따라야 한다. TSR과 TCR을 잇는 대륙 철도 운행에 참여하기 위해서는 반드시 가입해야 하는 기구인 셈이다.

문 대통령의 청사진을 〈프랑크푸르트 알게마이네 차이퉁〉 기고문 중 두 문단에서 직접 살펴보자.

"남북경제교류 활성화는 주변국과 연계하여 한반도를 넘어 동아시아와 유라시아의 경제 회랑으로 거듭날 수 있습니다. 남·북한과 러시아는 가스관을 잇는 사업에 대해 실무적인 협의를 시작했습니다. 지난해 8월에는 동북아 6개국과 미국이 함께하는 '동아시아철도공동체'를 제안한 바 있습니다. 저는 '유럽석탄철강공동체'를 모델로 '동아시아철도공동체'를 동북아시아의 에너지공동체, 경제공동체로 발전시키고자 합니다. 나아가 이 공동체는 다자평화안보체제로 발전할 수 있을 것입니다. (중략) 한국이 추진하고 있는 '신남방 정책'과 '신북방 정책'을 통해 한반도의 평화경제는 더욱 확대될 것입니다. 신북방 정책은 유라시아와의 경제협력 물꼬를 트는 것입니다. 북한은 작년 6월 처음으로 유라시아 국가들이 모두 참여하는 국제철도협력기구에 한국이 가입하는 것을 찬성했습니다. 부산에서 베를린까지 철도로 이동할 수 있는 날이 올 것입니다. 한국은 남북화해를 기반으로 동북아 평화의 촉진자가 될 것입니다."

신북방 정책으로 러시아, 동북3성, 몽골 등 아우른다

신북방 정책은 동북아철도공동체보다 폭넓은 구상이다. 문재인 대통령은 2017년 러시아 블라디보스토크에서 열린 제3차 동방경제포럼 기조연설을 통해 신북방 정책 구상을 제시했다. 이는 러시아 극동지역과 중국 동북3성, 중앙아시아 국가, 몽골 등 국가들과의 경제협력 활성화를 도모하는 정책이다. 문 대통령은 "신북방 정책은 극동지역 개발을 목표로 하는 푸틴 대통령의 신동방 정책과 맞닿아 있다."고 말하면서 "러시아의 극동 개발에 적극적으로 참여하겠다."는 뜻을 밝혔다.

러시아를 동반자로 천명한 신북방 정책과 관련해 문 대통령은 극동지역은 석유, 천연가스, 철광석 등 천연자원이 풍부하고 공항, 철도, 항만 등 인프라 개발 수요도 크다고 말했다. 이어 "러시아와 한국 사이에 9개의 다리를 놓아 동시다발적 협력을 이루어나갈 것을 제안한다."고 말했다. 이른바 '나인 브리지'Nine Bridge에는 가스, 철도, 항만, 전력, 북극 항로, 조선, 일자리, 농업, 수산을 망라했다.

철도운송, 해운·항공운송과 다른 경쟁력 보유

철도는 선박보다 운임이 비싸고 항공기보다 시간이 더 걸려 경쟁력이 없다고 말하는 사람들이 있다. 가격 면에서 해운이 철도운송보다 저렴한 것은 사실이다. 그러나 철도운송은 항공운송보다 저렴하다. 또 시간 면에서 철도운송은 항공운송보다 느리지만 해운보다 빠르다. 즉 철도운송은 해운보다 빠르고 항공운송보다 저렴한 서비스를 제공하므로 경쟁력이 충분하다.

철도운송과 해운은 각각 특성과 경쟁력이 있는 운송방식이다. 어느 하나가 다른 하나의 시장을 잠식하는 관계가 아니다. 한국철도학회논문집에 실린 〈유라시아 화물운송수단 선택 특성 분석〉(2017)에 따르면 한국 기업은 유라시아 지역으로 화물을 운송하기 위해 해상경로와 육상경로를 모두 활용한다. 항만까지 접근이 쉬운 국가들로 대량운송을 할 때에는 해상경로를 이용한다. 이에 비해 항만 접근이 쉽지 않은 러시아, 독립 국가 연합Commonwealth of Independent States, CIS 국가들, 동유럽 지역으로 화물을 보낼 때에는 철도를 이용한 육상경로를 선택한다.

　대부분 기업은 운임과 시간을 고려할 때 저렴한 운송비로 대량의 화물을 보낼 수 있는 해운이 가능하다면 이를 선택한다. 해운에 비해 운임이 비싼 반면, 시간을 단축할 수 있는 철도운송은 고부가가치 화물이나 시급한 품목을 보낼 때 이용한다. TSR이나 TCR을 이용하는 화주는 주로 유라시아 국가에 공장이나 물류센터를 가동하는 대기업이나 대기업에 납품하는 주요 벤더다. 앞서 소개한 눈문에서는 러시아 깔루가에 가전제품 공장을 운영하는 삼성전자의 물류를 예로 든다. 삼성전자는 두 가지 복합 경로를 활용한다. 첫째, 인천항에서 중국 다롄항으로 화물을 해상 운송한 다음 화물열차로 TMR와 TSR을 이용해 러시아 깔루가까지 운송한다. 또 부산항에서 해상으로 러시아 블라디보스토크로 운반한 뒤 TSR로 모스크바까지 보낸다.

초고속 화물, TSR이면 부산~모스크바 27시간

　최근 TSR을 개량해 초고속 화물용 노선을 건설하자는 제안도 등장했다. 코트라KOTRA 출신인 홍재화 씨가 《최상의 교역파트너 북한과 비즈니스하기》(2019)에서 제시한 내용으로, 시속 400킬로미터에 달하는 초고속 화물열차를 활용하면 부산~나진, 나진~모스크바에 이르는 10,592킬로미터 거리를 27시간에 주파할 수 있다고 한다. 현재 1주일 걸리는 거리를 약 7분의 1로 단축한 것이다.

부산~모스크바 간 이동시간을 27시간으로 줄인다면 14일(북극항로)~24일(남방항로) 정도 걸리는 해상항로와는 비교할 수 없을 정도로 빨라진 것이다. 한편 그는 초고속 화물열차를 이용하면 비용도 해운 운임보다 낮출 수 있다고 주장한다. 초고속 화물열차가 항공 운송에 비해서도 경쟁력을 갖출 수 있다고 밝히고 있다. 비슷한 운송 시간에 운임은 4분의 1까지 저렴하기 때문이다. 초고속 화물 TSR이 도입된다면 현재 한국과 일본에 한정된 기존 TSR의 고객도 늘릴 수 있다. 인천과 가까운 중국의 톈진이나 다롄, 칭다오는 물론 대만에서도 러시아 쪽으로 가는 화물을 인천으로 보낼 수 있게 된다.

신북방 정책은 기약할 수 없는 비전이라고 생각할 사람이 많을 것이다. 그러나 역사는 꿈꾸고 실행하는 사람이 만들어간다. 한국에서도 그런 걸출한 인물들이 한국 경제와 역사의 새 장을 열었다. 현대그룹을 창업한 정주영 회장이 대표적인 인물이다. 그는 소떼를 몰고 방북하는 기발한 이벤트를 벌이는 등 남다른 돌파력으로 남북경협을 열어갔다. 정 회장이 자주 했다는 말이 새삼 생각나는 대목이다. "해봤어?" 무엇이든 하면 된다. 아니, 일이 되게 할 수 있다.

INVESTMENT SCENARIO

JIM ROGERS 5-YEAR KOREAN PENINSULA

제 **5** 장

앞으로 5년,
신新 글로벌 투자 지형

"2020년, 세계 경제는 악화일로를 걷게 될 것이다.
'내 평생 최악의 경제 위기'를 각오하고 있다."
늘 한발 앞서 위기 징조를 경고해온 짐 로저스가 다시 입을 열었다.
2008년 서브프라임 붕괴 후, 미국 주식시장 역사상 전례에 없던
10년간의 강세장을 이어온 월스트리트가 베어마켓에 진입했다.
이를 보며 1929년 미국 주식시장을 떠올리는 게 이상한 일일까?
그사이 전 세계적으로 부채가 기하급수적으로 몸집을 키웠다.
부채가 없는 국가는 북한이 거의 유일할 정도다.
암울한 경제 지표와 함께, 총성 없는 경제전쟁마저 시작됐다.
위기를 투자의 기회로 바꾸는 짐 로저스의 시선에 포착된
신 글로벌 투자 지형과 짧은 흐름을 엿본다.

황소를 쓰러뜨릴
베어마켓이 온다

이르면 2019년 말부터 2020년 초, 전 세계 경제 지표에 빨간불이 켜질 전망이다. 동시에 트럼프 대통령은 중국, 독일, 일본 등 모든 나라로 화살을 돌릴 것으로 예상된다. 특히 한국, 일본 등 우방국을 비롯해 힘겨루기 중인 중국 등 아시아 국가들에 책임을 묻고 비난할지 모른다. 2020년 11월에 있을 대선에서 재선에 성공하기 위해 그는 본격적인 무역 전쟁을 벌일 준비가 되어 있으며 관계국에 계산이 마무리된 청구서를 발송할 것이다.

트럼프는 무역전쟁에서 미국이(정확히는 자신이) 승리를 거두리라 믿고 있다. 안타깝게도 그는 역사보다 자신이 우위에 있다고 여기는 듯하다. 나는 이것이 우리가 베어마켓을 맞이하게 될 단초가 될 것으로 본다.

2020 무역전쟁과 환율전쟁이 가져올 베어마켓

현재 일어나고 있는 무역전쟁과 환율전쟁은 단지 트럼프의 통제할 수 없는 충동으로 인해 일어난 예측 불가능한 사태가 아니다. 2013년에 출간한 《스트리트 스마트》를 비롯해 여러 매체를 통해 나는 "미국이 보호무역주의 조치를 잇달아 내놓는 여러 국가의 추이를 봤을 때 무역전쟁이 다가오고 있다."는 예측을 거듭 밝혀왔다.

최근 몇 년 동안 보호무역주의가 고조되는 분위기 속에서 '근린궁핍화정책'Beggar-thy-neighbor Policy이 점차 모습을 드러내고 있다. 경기침체에 대응해 관세장벽을 쌓는 등의 조치를 취하는 것을 '근린궁핍화정책'이라 부른다. 원래 근린궁핍화정책은 수입을 줄이고 수출을 늘림으로써 자국의 경기나 고용상태를 개선하겠다는 목표 아래 취해진다. 수단으로는 관세율 인상 외에 수입 할당, 환율 인상, 수출보조금 지급 등이 쓰인다.

이러한 보호무역주의 정책을 취하는 대표적인 나라가 미국과 일본이다. 특히 일본의 경우 인위적인 엔저 정책을 고수함으로써 인접국과 경쟁국에 고스란히 피해를 끼치고 있다. 한국은 일본의 아베노믹스를 겨냥하며 엔화 약세에 의존하지 말고 구조적인 개혁 노선을 취할 것을 지속적으로 요구해왔다. 또 브릭스BRICS(2000년대를 전후해 빠른 경제 성장을 보이는 브라질, 러시아, 인도, 중국, 남아프리카공화국을 지칭하는 용어), 독일 등에서도 엔저 조작에 반대하는 견해를 내놓고 있다. 심지어 최근에는 일본에서 한국을 '백색국가'에서 제외하는 등의 수출 규제를 일으키며 무역분쟁을 일으키고 있다. 아베 내각이 내수 경제를 회복시키겠다며 내놓는 정책들의 결과다. 하지만 이러한 조치는 1930년대 경제 대공황 사태를 낳은 위험요소이기도 했다는 사실을 깨달아야 한다. 즉 장기적으로 봤을 때 일본은 오히려 자국 경제를 갉아먹는 중이라는 의미다.

외환 통제는 국가에 부채가 쌓이고 수출과 무역이 마이너스 곡선을 타면서 경제가 악화됐을 때 통화가치 하락을 완화하기 위해 쓰는 강력한 방어책이다. 하지만 위아래로 흔들리는 지표들을 외환 통제로 잡으려면 단시간에는 불가능하다. 몇 년간 정책을 이어갈 수밖에 없는데, 이는 오히려 사태를 더 악화시킬 뿐이다. 돈이 나라 안에 갇히기 때문이다. 1939년 영국에서 벌어진 외환 통제가 영국의 경제를 무너뜨리기 일보 직전의 상황까지 내몰았듯이 말이다. 한국도 비슷한 경험을 한 적이 있다. 1997년에 한국은 무역적자가 누적되는 상황에서 오히려 원화 가치를 유지했다. 이런 상황에서는 원화 가치를 떨어뜨려서 수출을 북돋우고 수입에는 제동을 걸었어야 하지만, 한국의 정부는 반대로 움직였다. 그 결과 외환보유액이 점점 줄어들었고, 다른 악재가 겹치면서 외국 투자자들의 신뢰가 저하되었다. 결국 한국은 IMF 구제금융 신청이라는 파국을 맞을 수밖에 없었다. 이런 사태의 결론을 늘 같았다.

미국 또한 트럼프 대통령이 일으키고 있는 무역전쟁이 초래할 결과와 함께 거시경제의 흐름이 낳는 문제가 동시에 불거지면서 최악의 경제 현실을 맞게 될 것이다. 앞으로 미국 경제가 어떻게 전개될지 전망하려면 먼저 현재 미국 경제가 어떤 흐름으로 이어져왔는지를 살펴봐야 한다.

2008년에 150년 역사의 리먼브러더스가 파산을 신청하면서 걷잡을 수 없는 글로벌 금융위기가 확산되었고, 미국 정부는 막대한 자금을 투입해 금융업계를 구제해주었다. 그때부터 10년간 기업들은 스스로 회생을 한 것이 아니라 부채만 쌓아갔다. 만약 정부가 옳은 선택을 했다면 경제가 지금처럼 위태롭지 않았을 것이다. 일본의 경우에도 1990년대 초반에 정부가 개입해 기업들의 파산을 막았다. 29년이 흐른 지금 일본의 증시는 50%나 떨어졌다.

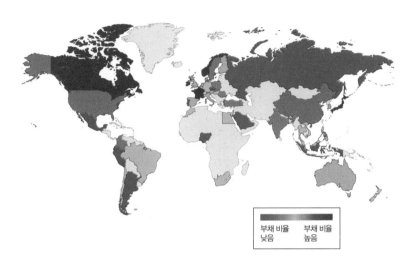

2017년 2분기 국가별 GDP 대비 부채 현황

부채 비율 낮음   부채 비율 높음

룩셈부르크	434%	
홍콩	396%	
일본	373%	
아일랜드	345%	
프랑스	304%	
싱가포르	297%	
영국	281%	
스웨덴	275%	
이탈리아	265%	

덴마크	261%
중국	256%
미국	249%
핀란드	247%
스위스	247%
호주	240%
전 세계	236%
한국	235%

참고 ──────────

1. 도표 하단의 막대그래프를 보면, 왼쪽부터 각각 정부 부채, 비상장 금융 기업non-financial corporate 부채, 가계 부채의 비율을 나타낸다. 한국은 전체 부채 235%에서 각각 40%, 100%, 94%의 비율로 구성되어 있다.

2. 전체 부채 수치에 반올림은 반영되어 있지 않다. 모든 수치는 2017년 USD 환율을 기준으로 측정되었다. 또한 시간에 따른 부채 증가율에 대해서는 환율 변동의 영향이 배제되어 있다. 부채 수준은 해외 기업 활동을 부분적으로 반영하는 국제금융센터의 수치를 따른다.

출처: 맥킨지 글로벌 분석연구소McKinsey Global Institute Analysis

세계 경제를 뒤흔든 리먼 사태 이후 전 세계 주요 국가의 채무가 빠른 속도로 늘어났다. 이런 추세를 고려해 앞으로 다가올 베어마켓은 2008년보다 더욱 심각한 결과를 가져올 거라고 예측하고 있다. 나는 특히 이 지점이 매우 위험하다고 강조하고 싶다. 세계 각국마다 무섭게 쌓인 부채를 타개할 해결책을 찾는 일은 어려워 보인다. 다음 경제 위기의 영향이 금융회사들뿐 아니라 사회 전반에도 영향을 미쳐 병원, 교육기관, 박물관 등 같은 공공시설이 사라지는 현상까지 발생하리라 본다.

더 늦기 전에
투자 안전지대로 향하라

현재 라트비아, 아르헨티나, 베네수엘라, 터키, 인도 등에서 또 다시 경제 위기의 조짐이 보이고 있다. 인도네시아 역시 마찬가지 상황이지만 주목할 정도는 아니다. 사람들은 위기의 규모가 작을 경우 더 큰 시장으로 확산되기 전까지는 눈치를 채지 못한다. 지난 2008년의 글로벌 경제 위기 사건에서 우리가 그랬듯 말이다.

지금도 구글과 애플의 주식은 떨어질 줄 모르고 오른다. 하지만 이는 매우 위험한 신호다. 일부 주식만이 연일 상승곡선을 그리면서 시장의 자금이 일부 기업에만 몰리고 있다. 미국 주식시장의 현재 모습이다. 이런 상황이라면 빠르면 1년 내, 늦어도 2년 내 세계 경제에 문제가 발생할 것이다. 그리고 나는 많은 주식을 사들이기에 좋은 시기를 시장에 문제가 발생했을 때로 보는 투자 방식을 그대로 고수할 생각이다.

참고로 내가 향후 신흥시장으로 주목하는 곳은 러시아다. 오늘날 전 세계 시장과 비교할 때 러시아는 매력적인 투자처다. 최근 푸틴 대통령이 극동 지역 개발을 최우선 과제로 삼아 막대한 자금을 쏟아붓고 있고, 천연자원도 풍부하다. 나는 러시아 루블화 국채를 사들인 바 있다. 30년 전에 러시아 증권거래소가 문을 열었지만, 현재로선 러시아에 자산을 배분하려는 해외 투자자도 많지 않다. 채무가 적어 재무구조도 안정적인 편이어서 성장 가능성도 높다. 금리도 매우 높은 편이다.

베네수엘라의 경우 쉽게 접근하지 못하는 아쉬움이 있다. 현재 북한에 투자하지 못하는 이유와 마찬가지로 합법적인 투자 채널이 없기 때문이다. 그러나 곧 세계 경제에 불어닥칠 베어마켓의 위기를 고려해 적극적인 투자를 하지 않고 있는 것도 사실이다.

경제학자 슘페터가 말했듯, "자본주의는 결코 정지되거나 변화하지 않을 수 없으며, 실제로 그렇게 될 수도 없다". 또 "자본주의의 역동성은 '창조적 파괴'를 가져오는 기업가의 기술혁신에서 나온다". 그의 말처럼 자본주의 세계에서 오래된 것은 새로운 것으로 대체된다. 과거부터 지금까지 그리고 미래에도 이 사실엔 변함이 없다. 따라서 변화에 대해 불평불만을 가져서는 안 된다. 원하든 원하지 않든 모든 것은 변한다. 당신은 그저 그 변화로부터 무언가를 얻고자 하거나, 혹은 뒤처지는 것을 선택하면 될 뿐이다.

트럼프가 불러온
보호무역주의 먹구름

트럼프 대통령은 장벽을 좋아하는 것 같다. 미국과 멕시코 사이 국경에 장벽을 세운 후 중국을 상대로 관세장벽을 쌓아 올렸다. 뿐만 아니다. 트럼프 대통령은 2018년 3월 안보를 명분으로 수입산 철강에 25%에 달하는 보복관세를 부과했다. 또 멕시코산 제품과 EU산 자동차에 대한 관세장벽에 대해서도 으름장을 놓고 있다.

도이체방크와 UBS그룹 등은 트럼프 정부가 평균 관세율을 이전의 1.66%에서 2017년 이후 현재까지 평균 4% 이상으로 끌어올렸다고 분석했다. 이는 EU(1.8%), 캐나다(1.5%)에 비해 높은 수치로, 현격하게 수입을 가로막는 수준이다. 〈월스트리트저널〉은 2019년 8월에 도이체방크 등의 분석을 소개하면서 "세계은행에 따르면 미국의 이 같은 관세 부과 현황은 1970년대 수준에 근접한 것으로 나타났다."고 보도했다. 만약 트럼프 정부가 멕시코와 EU에 대해서도 관세장벽을 높인다면 미국의 평균 관세율은 9%에 육박할 수 있다는 전망도 나온다. 그렇게 되면 미국은 무려 1947년 수준으로 퇴행하게 된다.

관세장벽은 미국의 앞날에 어두운 그늘을 드리우게 만들 것이다. 나는 "자국 시장을 열고 세계 시장을 상대하는 나라가 흥한다."는 지론을 갖고 있다. 미국도 이러한 경제성쇠 원리에서 예외가 될 수 없다. 그럼에도 트럼프 대통령의 관세장벽 드라이브는 멈출 생각이 없는 듯하다. 내가 일찍이 미국의 보호무역주의 움직임을 경고했던 이유 중하나로 해외금융계좌신고법Foreign Account Tax Compliance Act, FATCA이라는 제도가 있다. 2010년에 도입된 후 시행령 제정을 거쳐 2013년 1월에 발효됐다. 미국 납세자의 역외탈세를 방지하고, 해외금융정보를 수집하는 것이 핵심 내용이다. 해외금융기관은 법에 따라 미국 납세자인 고객의 이름, 주소, 잔고 등을 미 당국에 보고해야 한다. 간단히 말해서 외국에 거주하는 미국인은 외국은행에 계좌를 만들어 활용할 수 없다.

유럽은행 중 일부는 이 법이 해외에 있는 미국 은행들을, 특히 전 세계에 방대한 지점망을 보유한 시티은행을 지원하려는 목적으로 제정됐다고 말한다. 즉 이 법의 시행은 일종의 보호무역주의 사례로 볼 수 있는 것이다. 실제로 FATCA의 시행 전에 나는 외국은행 두 곳으로부터 전화를 받았다. 은행 직원은 "죄송합니다만, 이제는 미국인 고객을 받지 않기로 하여 미국인 계좌를 폐쇄하는 중"이라고 말했다. 은행에서 관리하고 있는 미국인 고객의 정보를 보고해야 하는데, 은행으로서는 상당히 부담스러운 일이라고 그는 설명했다. 나는 결국 싱가포르에 있는 미국 은행으로 계좌를 옮겨야 했다.

FATCA의 배경을 잠시 설명하자면, 미국은 거주지가 아니라 시민권을 기준으로 세금을 부과한다. 만약 외국에서 살고 있는 미국인이라면 이중으로 세금을 내는 것이다. 이는 사람들이 미국 시민권을 포기하게 만드는 요인이다. 만약 재산이 200만 달러가 넘는 사람이 미국 시민권을 포기했다면, 그것은 세금 때문이었다고 우선적으로 추정할 수 있다.

보호주의의 유령은 더 오래전에 등장했다. 2005년에 중국 국영 석유·천연가스 기업인 중국해양석유총공사CNOOC는 '유니온 오일 컴퍼니 오브 캘리포니아'Union Oil Company of California를 인수하려고 했다. 그해 미국 하원에서는 이 인수 건을 가로막았다. 또 아랍에미리트UAE에 본사를 둔 글로벌 항만운영사인 두바이포트월드DP World는 미국 항만의 터미널 사업을 인수했다. 그러나 미국 의회의 압박에 밀려 2006년 미국 거대 보험사인 AIG의 한 사업부에 매각하기도 했다.

트럼프가 포문을 열고, 우울한 예언은 현실로

2013년에 나는 "아직 무역전쟁이 전면적으로 벌어진 것은 아니지만, 우리는 한 걸음씩 그 방향으로 나아가고 있다."고 분석했다. 안타깝게도 나의 우울한 예언은 현실이 되어가고 있다. 트럼프 대통령이 포문을 열며 미국과 중국의 무역전쟁은 시작됐다. 그는 2018년 3월 500억 달러(한화 약 59조 9,750억 원) 상당의 중국산 수입품에 관세를 부과했다. 그리고 중국을 세계무역기구wto에 제소하며 중국의 대미 투자를 제한한다는 등의 내용을 담은 행정명령에 서명했다.

중국과 미국의 무역전쟁은 한동안 팃포탯tit for tat 전략으로 맞부딪치듯 이어졌다. 중국은 보복관세를 예고하며 미국과 정면으로 충돌했다. 2018년 중국은 돈육 등 30억 달러(한화 약 3조 5,985억 원) 규모의 미국산 수입품에 관세를 물리겠다고 예고했다. 같은 해 4월에는 미국산 돈육 등 8개 품목에 25%, 120개 품목에 15% 관세를 부과했다.

이에 미국은 2018년 4월 500억 달러(한화 약 59조 8,500억 원) 규모의 중국산 통신장비 등 품목에 25% 관세를 부과한다고 발표했다. 그

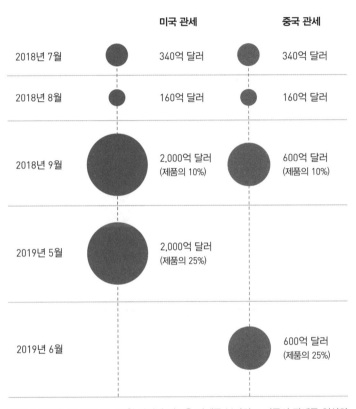

	미국 관세	중국 관세
2018년 7월	340억 달러	340억 달러
2018년 8월	160억 달러	160억 달러
2018년 9월	2,000억 달러 (제품의 10%)	600억 달러 (제품의 10%)
2019년 5월	2,000억 달러 (제품의 25%)	
2019년 6월		600억 달러 (제품의 25%)

미국 · 중국 간 무역 관세 변동 추이

미국과 중국은 2019년 10~12월 사이에 새로운 관세를 부과하고 기존의 관세를 인상하겠다고 위협하고 있다.

출처: BBC 연구소

러자 중국에서 미국산 대두, 자동차 등 106개 품목에 25% 관세를 부과하겠다는 방침으로 맞받아쳤다.

트럼프 대통령은 같은 해 6월 2,000억 달러(한화 약 239조 9,000억 원) 규모의 중국산 제품에 대해 추가 보복관세를 부과하겠다고 경고했다. 중국은 이에 맞서 미국 반도체 기업인 마이크론의 제품에 대해 중국 내 판매 금지 조치를 내렸다. 양국은 같은 해 7월 상호 340억 달러(한화 약 40조 7,830억 원) 규모의 수입품에 관세 25%를 부과했다. 같은 해 8월에는 상호 160억 달러(한화 약 19조 1,920억 원) 규모 수입품에 25% 관세를 매겼다. 미국은 같은 해 9월 2,000억 달러 규모 중국산 수입품에 대해 10% 관세를 부과했고, 중국은 600억 달러(한화 약 71조 9,700억 원) 규모의 미국산 수입품에 대해 관세를 부과했다.

무역전쟁을 벌이는 중간 중간에 양국은 워싱턴과 베이징을 오가며 협상을 벌였다. 그러나 전쟁은 확전일로를 걸어왔다. 미국은 2019년 5월 2,000억 달러 규모의 중국산 수입품에 대한 관세율을 10%에서 25%로 인상했다. 같은 해 8월에 중국은 이에 대응해 9월 1일과 12월 15일로 나눠 미국산 제품에 보복관세를 부과하겠다고 발표했다. 중국은 원유와 대두 등 750억 달러(한화 약 89조 9,625억 원) 규모의 미국산 수입품에 대해 5%와 10%의 추가 관세를 부과하고 미국산 자동차에도 25%의 관세를 부과하겠다고 밝혔다. 하루도 지나지 않아 트럼프 대통령이 반격했다. 미국은 중국이 발표한 지 12시간 후 "현재 25% 관세가 부과되는 2,500억 달러(한화 약 299조 8,750억 원)의 중국 상품에 10월 1일을 시작으로 30%가 부과될 것"이라고 예고했다. 또 "추가로 9월 1일부터 10% 관세를 부과하기로 했던 남은 3,000억 달러(한화 약 359조 8,500억 원) 중국산 상품에는 15%가 부과될 것"이라고 발표했다.

다만 같은 해 10월 양국의 고위급 무역협상을 앞둔 상황에서는 유화 제스처가 오가기도 했다. 중국은 미국에 대한 추가관세 부과 대상에서 16개 품목을 1년간 제외한다고 발표했다. 미국은 이에 화답해 10월에 2,500억 달러(한화 약 299조 8,750억 원) 규모의 중국산 제품에 대한 관세율을 25%에서 30%로 상향한다는 계획을 2주간 연기하기로 했다.

근린궁핍화정책은
이번에도 실패한다

트럼프 대통령은 미국이 무역전쟁에서 승리를 거둘 수 있다고 착각하고 있다. 무역전쟁에서 승자는 없다. 모두 패배하는 치킨게임인 셈이다. 자국 시장에 칸막이를 치면 칠수록 무역량이 줄어들면서 세계 경제의 활력도 떨어진다. 장벽을 친 국가의 성장률도 동반 하락하고 만다.

어쩌면 트럼프 대통령은 역사를 전혀 모르거나, 역사를 안다고 해도 자신이 역사보다 똑똑하다고 생각하는 것 같다. 미국은 1930년대 대공황기에 이미 관세장벽의 악영향을 뼈아프게 겪었다. 불황이 대공황으로 이어진 것은 주식시장이 붕괴된 충격 때문이 아니었다. 관세장벽을 높게 두른 보호무역주의가 불황의 골을 깊게 판 것이다.

당시 관세장벽은 1930년에 도입한 스무트-홀리Smoot-Hawley 관세법이었다. 이 법에 따라 미국은 자국으로 수입되는 2만여 품목에 평균 59%, 최고 400%의 관세를 매겼다. 이 법이 도화선이 되어 전 세계 주요 국가도 앞다퉈 관세장벽을 세웠고, 그 결과는 실로 파국적이었다. 1929년부터 1932년까지 국제무역은 무려 63%나 감소했다. 스무트-홀리 관세법은 당시 공화당 의원 리드 스무트와 윌리 홀리의 성을 딴 명칭이다. 늘 그렇듯, 지금도 정치인이 문제다. 도널드 트럼프는 역사에 어떤 이름으로 기록될지 궁금해진다.

가라앉는 일본을
경고하다

2011년, 동일본 대지진이 일어났을 무렵이었다. 나는 일본 주가가 가장 낮은 상태라고 판단해 주식을 사들이고 있었다. 주가는 지진 발생 후 빠른 속도로 바닥을 치기 시작했다. 위기를 기회로 보는 내 투자 지론에 따라 나는 더욱 공격적으로 주식을 사들였다. 역시나 성실한 일본 국민들은 이후 빠르게 피해를 복구해나가기 시작했다. 그리고 2012년 아베 신조 총리 내각이 꾸려지고 그가 경기부양책으로 '금융 완화'를 내놓았을 때 일본 주식을 더 사들였다. 이것이 내가 일본 주식에 투자한 마지막 기억이다.

일본 정부의 개입이 만든
버블의 굴레

나는 일본 주식에 대한 투자는 대체로 중단기적 측면에서 판단해 진행해왔다. 일본이 두 번의 '잃어버린 10년'을 겪기 훨씬 전부터 일본을 장기 투자의 대상으로 봐서는 안 된다고 생각했다. 10여 년 전 내가 주식을 사들일 때의 배경을 설명하자면 이렇다. 당시 니케이 지수는 7,500~1만 엔 선에서 머물러 있었다. 이는 1990년에 기록했던 3만 8,000엔보다 무려 90% 가까이 하락한 수치였다.

1990~2019년 일본 니케이 평균 주가 추이

(단위: 엔)

출처: 야후재팬 파이낸스finance.yahoo.com

하락의 원인은 일본 정부가 1990년 주식시장 버블과 부동산시장 붕괴 당시 사람(기업)들이 쓰러지지 않도록 중앙은행을 통해 구제해 준 데 있다. 당시 일본 정부는 금융 구조조정을 하긴 했지만 소극적으로 수행했다. 이런 상황에서는 정부가 신속하게 공적자금을 투입해 부실채권을 제거하는 구조조정 작업을 과감하게 단행해야 한다.

나는 1990년에 발생한 일본의 주식시장과 부동산시장의 붕괴 자체를 사전에 경고하기도 했었다. 그해 1월 투자 전문 매체 〈배런스〉Barron's를 통해 "일본 주식시장이 적어도 50% 이상 떨어질 것"이라는 예측을 밝히고서 두 달 뒤 세계일주를 떠났다. 당시 일본에 방문했을 때 도쿄 현지 언론의 한 금융 담당 기자가 나를 찾아와 이렇게 물었다.

"이제 도쿄 주식시장의 닛케이 평균주가가 4만 엔에 근접했다가 2만 9,000엔으로 떨어졌는데, 지금은 시장에 대해 어떻게 생각하시는지 알고 싶습니다. 이제 바닥을 친 것일까요? 계속 투자해야 할까요?"

"일본 주식시장과 부동산시장은 앞으로 훨씬 더 떨어질 것입니다."

내가 하락세 전망을 내놓은 근거 중 하나는 당시 일본 신문에서 확인한 시세 때문이었다. 신문 1면에는 도쿄 지역 골프장 회원권의 평균 가격을 지수로 보여주는 내용이 있었다. 마치 미국 신문들이 다우존스 지수를 보여주는 것과 비슷했다. 그런데 골프장 회원권의 평균 가격이 무려 100만 달러(한화 약 11억 9,950만 원)도 넘었다. 100만 달러를 주고 골프장 회원권을 산다는 것은 투기성 거품이라는 생각밖에 들지 않았다. 본질적인 가치도 없이 투기의 광풍으로 거품이 부풀 대로 부푼 상황이었다.

천정부지로 치솟은 골프장 회원권 가격 외에도 일본의 부동산 가격은 여전히 고공행진을 하고 있었다. 도쿄의 황궁이 있는 지역의 땅값만으로도 플로리다주 전체를 사고도 남는다는 말이 나올 정도였다. 게다가 통화도 조여오고 있었다. 긴축 통화정책을 견뎌낼 버블은 없다. 언젠가 일본의 중앙은행인 일본은행에서 "투기적인 거품을 제거할 것"이라고 발표한 적이 있다. 그리고 일본은행은 1989년 12월 2.5%였던 정책금리를 1990년 8월 6%까지 올렸다.

주식시장의 오래된 격언 중 "중앙은행에 맞서지 말라."는 말이 있다. 그런데도 일본의 주식시장에 뛰어든 사람들은 강세장 외에는 몰랐다. 그들은 상황이 변할 수 있음을 알지 못했다. 주식에 대해 그들이 아는 것이라고는 계속 올랐다는 사실뿐이었다. 그들은 내 조언을 들으려 하지 않았다. 현실 세계는 그들의 생각처럼 움직이질 않는다. 결국 일본 경제의 거품이 터졌다. 주가지수는 내가 관측한 대로 정점에 비해 절반 가까이 폭락했다. 그 이후 일본 경제는 붕괴된 버블의 잔해 속에서 허덕였다. 그렇게 '잃어버린 10년'은 '잃어버린 20년'으로 연장됐다.

일본 경제의
세 가지 위험요인

일본 경제의 부진은 왜 그토록 오래 지속되었을까? "잿더미 속에서 경제를 복구하는 것보다 빚더미 속에서 경제를 일으키는 것이 훨씬 어렵다."는 말이 있다. 부채를 동반한 버블이 붕괴되었을 때엔 막대한 부실채권이 경제를 짓누른다. 부실채권은 신용경색을 낳고 신용경색은 경제의 순환을 막는다. 그래서 빚더미 속에서 경제를 일으키기가 어려운 것이다.

나는 현재 일본 경제가 위기에 처했다고 생각한다. 위기의 원인으로는 생산가능인구의 감소, 폐쇄적인 체제, 국가부채 등을 들 수 있다. 일본은 2018년 구인난으로 인해 폐업한 기업 수가 사상 최다치를 기록했다. 일손 부족으로 공장 문을 닫은 업체가 400여 곳으로 전년 대비 29% 급증했고, 집계가 시작된 2013년 이후 가장 많았다.

일본의 구인정보회사 퍼솔Persol에서 운영하는 퍼솔종합연구소가 발표한 자료에 따르면 2017년 일본은 248만 명의 일손이 부족했고, 이러한 추세라면 2025년에는 두 배 이상으로 늘어 583만 명에 이를 것으로 예상된다. 퍼솔종합연구소는 특히 정보기술IT, 통신, 건설, 의료, 미디어 등의 분야에서 구인난이 극심할 것이라고 전망했다.

일본 정부는 구인난 해소를 위해 해외 인력을 적극적으로 유치하고 이민의 문호를 한층 넓히는 정책을 추진하고 있다. 그러나 일본 사회 특유의 폐쇄적인 문화를 고려할 때 큰 효과를 기대하기 어렵다고 본다. 일본은 외국인을 싫어해서 이민자를 받아들이는 데 적극적이지 않다. 이민자를 적극 수용하기는커녕 오히려 재일 외국인을 차별한다. 유엔에서는 2018년 일본에 재일외국인에 대한 직업 차별, 입주 차별, 교육 차별 등이 있다며 시정을 권고하기도 했다.

한편 일본의 국가부채는 2012년 말 600조 엔(한화 약 6,690조 9,000억 원)에서 2018년 말 1,100조 엔(한화 약 1경 2,265조 5,500억 원)으로 급증했다. 일본의 GDP 대비 부채 비율은 약 230%로 국가 재정이 파탄한 그리스의 180%, 유럽 재정 열등생인 이탈리아의 130%보다 높은 수준이다. 아베 정부는 이처럼 대규모 부채를 안고도, 필요하지 않은 다리 건설과 도로 정비에 돈을 쏟아붓고 있다.

일본의 생산가능인구가 줄어드는 상황에서 국가부채가 늘어나면 어떤 처지에 놓일까? 무엇보다 세계에서 가장 높은 비율로 증가하고 있는 노령인구를 지원하는 부담이 점점 커질 것이다. 언젠가는 노후를 지원하는 정부 재정도 바닥을 드러낼 것이다. 그 시기는 지금 열 살인 아이들이 마흔 살이 되는 30년 이후 정도로 예상하고 있다.

지금의 경기 호조세는
오래가지 못한다

일본 경기가 예상보다 좋다는 의견도 나오곤 한다. 물론 현재 일본의 경제가 과거에 비해 좋아진 것은 사실이다. 일본의 GDP는 2015년 4분기부터 2017년 4분기까지 8분기 연속 성장했다. 일본 경제가 확장세를 8분기 동안 이어간 것은 지난 30년간 처음 있는 일이다. 일본의 GDP는 2018년 1분기에 전기 대비 0.1% 감소했다가 2분기에 다시 0.5% 성장했다. 이후 3분기에 또 0.5% 위축됐으나 4분기에 반등해 0.4% 성장했다. 한편 일본 경제는 미국과 중국이 무역전쟁을 벌이는 여파에도 위축되지 않고 2019년 1분기에 깜짝 성장했다. 1분기 성장률은 0.5%로 집계됐다. 주가도 2008년 글로벌 금융위기 이후 대체로 상승 추세를 보이고 있다.

그러나 일본의 주가와 성장률은 그럴싸한 겉모습에 불과하다. 조금만 자세히 들여다보면 일본은행에서 금융완화 조치를 취해 얻은 반짝 효과일 뿐이라는 사실을 누구나 알 수 있다. 현재 일본 중앙은행은 돈을 무한대로 찍어내 증시와 채권 시장에 쏟아붓고 있다. 특히 그 돈으로 일본 주식과 국채를 사들이고 있는데, 아베 정부는 일본은행에 국채를 팔아 마련한 자금으로 재정지출을 확대했다.

은행에서 화폐를 계속해서 찍어내 돈이 많아지면 지금 당장은 좋

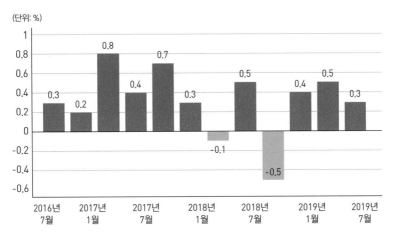

일본의 분기 경제성장률 (전기 대비)

(단위: %)

- 2016년 7월: 0.3
- 2017년 1월: 0.2 / 0.8
- 2017년 7월: 0.4 / 0.7
- 2018년 1월: 0.3 / -0.1
- 2018년 7월: 0.5 / -0.5
- 2019년 1월: 0.4 / 0.5
- 2019년 7월: 0.3

출처: 트레이딩이코노믹스

은 시기라고 말할 수 있다. 하지만 양적완화를 너무 많이 실시하고 있고 한편에서 정부 부채가 증가하고 있으니 실질적으로는 좋다고 볼 수 없다. 언젠가 정부가 지고 있는 부채를 정리해야 할 때가 오면 어떻게 될까? 언제까지고 양적완화를 통해 국가의 부채를 모른 척할 수는 없는 일이다. 게다가 출산율도 떨어지고 있고 빚은 늘어나고 사업을 운용하는 데 비용이 많이 들고 한국과도 앞으로 더 이상 경쟁할 수 없게 될 것이다. 한국에서 휴전선이 사라지고 북한의 천연자원과 저렴한 인건비, 한국의 자원과 자본이 만나게 된다면 그 파급효과는 엄청나라라 예상된다. 아베도 이 사실을 매우 잘 알고 있다. 통일한국과 일본이 경쟁할 수 없다는 사실을 누구보다 안다는 뜻이다.

현재 일본에서 취하고 있는 금융완화 정책은 근본적인 해결책이 아니다. 미국, 영국, 독일의 전례에서 충분히 확인할 수 있는 대목이다. 내 솔직한 의견을 내놓자면 아베노믹스는 성공하지 못할 것이다. 오히려 수십 년 뒤에 일본이 맞이할 상황만 어렵게 만들고 말 것이다.

중국의 거침없는 대국굴기와
그 이후

내가 만약 13세기에 살았다면 마르코 폴로와 같은 삶을 살았을지 모른다. 이탈리아 상인이었던 마르코 폴로는 '당시의 세계'를 두 차례 일주했다. 또 두 번째로 방문한 원나라에서 17년간 살면서 중국 각지를 여행했다. 마르코 폴로를 매료시킨 도시는 당시 '퀸사이'Quinsai라고 불린 항저우杭州였다. 남송의 수도였던 항저우는 당시 100만 명이 거주한 대도시였다. 그는 《동방견문록》에서 "의심할 여지없이 퀸사이는 세계에서 가장 훌륭하고 화려한 도시"라고 전했다. 또 항저우의 시장에는 온갖 과일과 음식, 생선, 향료, 향신료, 보석 등이 모이고 거래되며 쿠빌라이의 항저우 궁은 1만 명이 지낼 수 있는 규모라고 기록했다.

당시 중국은 유럽보다 부유했다. 당시는 물론 이전 몇 백 년과 이후 몇 백 년 동안 중국은 세계에서 가장 앞선 나라였다. 경제는 기술을 기반으로 발전한다. 중국도 세계를 선도하기에 앞서 기술로 세계를 이끌었다. 중국에서 발명된 것들 중에는 인류 문명의 변혁을 이끈 것들이 많다. 동서 간 교류를 가능하게 한 나침반, 지식을 기록하고 확산시키는 매개가 된 종이, 국가와 문명 사이에 가장 파괴적인 교류를 일으킨 화약 등이 그런 발명품들이다. 특히 화약과 화포는 13세기에 원나라가 서아시아를 침략하는 과정에서 아랍 여러 나라를 거쳐 유럽으로 전해졌다. 유럽은 14세기 중엽에 이르러서야 비로소 화약과 화기를 사용하기 시작했다.

중국 지도부에
기술 전공자들이 포진한 까닭

근대로 접어들면서 중국은 100여 년간 열강에 짓밟혔다. 아편전쟁 이후 영국을 비롯한 서양의 국가에게 굴복했고 심지어 같은 아시아 국가인 일본에게도 유린당했다. 열강의 손아귀에서 벗어나 새롭게 등장한 중국의 지도부는 과거 100년의 전철을 밟지 않고자 기술을 중시한 정책에 힘을 쏟았다. 우선 지도부에 기술 전공자들을 대거 포진시켰다. 이러한 기조는 지금도 유지되고 있어 장쩌민, 후진타오, 원자바오 등 기술을 공부한 지도부 인사들이 많은 편이다. 5대 주석인 장쩌민은 상하이교통대에서 전기학을, 6대 주석 후진타오는 칭화대에서 수리水利공정학을, 후진타오 주석 아래에서 총리로 일한 원자바오는 북경지질대를 졸업했다. 현재 장기 집권에 들어간 시진핑 7대 주석은 칭화대 화학공학과 출신이다.

일반적으로 기술 중시의 성과를 가늠하는 지표로 특허출원 건수를 비교한다. 중국은 특허출원 건수에서 거침없이 약진하고 있다. 몇 년 안에 미국을 추월할 것이라는 전망이 기정사실로 받아들여지고 있다. 세계지식재산권기구WIPO가 집계해 발표한 '2018년 국제 특허출원 건수' 자료에 따르면 미국이 5만 6,142건으로 1위를 차지했고, 중국이 5만 3,345건으로 2위에 올랐다. 미국은 전년 대비 약 1% 줄어든 반면 중국은 9% 늘었다. 그리고 일본이 4만 9,702건으로 3위를 차지했다. 중국은 이미 2017년에 일본의 특허 건수를 추월했다.

기업별로 살펴보면, 중국 통신업체인 화웨이가 사상 최대치인 5,405건으로 2년 연속 1위를 차지했다. 일본 기업인 미쓰비시전기는 2위, 한국 기업 중에서는 삼성전자와 LG전자가 각각 6위와 8위로 상위 10위권에 들었다.

천인계획, 만인계획,
경제 약진의 원동력

중국이 기술인력을 확보하기 위해 역점을 둔 두 축은 교육과 해외의 우수 인재 유치였다. 중국에 개방과 개발의 물결이 일도록 주도한 덩샤오핑이 역점 사업으로 추진한 분야이기도 하다. 문화혁명 이후 중국이 인재부족에 시달리자 덩샤오핑은 '지식을 존중하고 인재를 존중해야 한다'는 지도 사상을 펼치며 다양한 인재유치 정책을 마련했다. 1990년대에 중국은 '211공정', 즉 21세기에 대비해 100개 대학을 세계일류대학 수준으로 육성한다는 계획을 발표했다.

또 1994년에는 '백인계획'이라는 인재 영입 정책을 시행했다. 백인계획의 목표는 20세기 말까지 해외에서 100여 명의 우수한 청년 학술 리더를 귀국시켜 영입한다는 것이었다. 2008년에는 백인계획을 조금 더 확장시킨 '천인계획'을 출범시켰다. 천인계획은 향후 5~10년 동안 해외 고급인재 1,000여 명을 유치해 중국 경제 발전에 이바지하도록 한다는 내용이었다. 2012년에 이미 약 1,500명의 인재를 유치해 목표를 초과 달성하기도 했다. 시행 10주년을 맞이해 2018년 6월에 발표한 통계자료에 따르면 총 14차례에 걸쳐 약 7,100명의 인재가 중국으로 돌아왔다.

천인계획에 지원할 수 있는 자격은 해외 유명 대학이나 과학연구원에서 교수 직책에 준하는 직위를 맡고 있는 학자, 독자적인 지적재산권이나 핵심기술을 보유하고 해외 독자 창업의 경험이 있는 연구자 등이다. 모집 분야로는 IT, 항공우수기술, 바이오, 에너지, 농업, 자원환경 등이다. 중국 정부에서는 천인계획을 통해 유치한 인재들에게 생활비, 연구비, 영주권 등을 비롯해서 전 분야에서 파격적인 대우를 제공한다.

천인계획으로 영입된 대표적인 인재로는 중국 최대 검색엔진 기업인 바이두百度를 창업한 리엔훙과 중국 인공지능AI 선두주자 샹탕커지商汤科技, Sense Time의 창업자 탕샤오어우가 있다. 리엔훙은 미국 뉴욕주립대 컴퓨터공학 석사 취득 후 실리콘밸리에서 근무하다 귀국했다. 탕샤오어우는 미국 로체스터대를 거쳐 MIT에서 박사 학위를 받았다.

여기서 주목할 대목은 천인계획이 시진핑 시대 이후에 본격적으로 가속됐다는 사실이다. 그동안 유치한 해외 인재 7,100명 중 60%인 약 4,300명이 2012년 시진핑 시대 이후에 이뤄낸 성과들이다. 이처럼 많은 해외 인재들이 중국으로 속속들이 유입됨으로써 최근에는 천인계획이 미국의 기술을 유출하기 위한 주요 수단으로 쓰이고 있다는 비판이 일기도 한다.

주변의 비판에도 불구하고 시진핑 주석은 2012년 9월에 '만인계획'이라는 새로운 정책을 또다시 출범시켰다. 천인계획이 해외 인재를 유치하는 정책이었다면, 만인계획은 주로 국내 고급인재를 지원하는 정책이다. 10년 동안 외부영입과 내부양성을 통해 혁신창업형 고급인재 1만여 명을 중점적으로 선발해 지원하는 것을 목표로 삼고 있다.

거침없는 대국굴기의 서막

1978년 덩샤오핑은 잇따른 전쟁과 내전 그리고 공산주의 강령에 의해 수십 년 동안 억압되었던 상업 활동을 본격적으로 부활시켰다. 당시에 나는 중국이 이제 막 내딛으려고 하는 '자본주의의 길'을 생생하게 목격할 수 있었다. 중국의 주식시장이 열리기 전이었지만, 생선과 비단을 사고파는 시장에서 농민들이 규제 완화와 자유 기업의 열매에 익숙해져가는 모습을 두 눈으로 똑똑히 봤다. 같은 해 11월 덩샤오핑은 싱가포르를 방문해 리콴유 총리를 만났다. 이후 중국은 개혁을 통해 시장경제로 옮겨가는 과정에서 싱가포르를 모델로 삼았다. 1990년에는 드디어 중국에 증권거래소가 등장했다.

중국이 오늘날과 같은 호황을 누릴 수 있었던 것은 중국 사람들의 DNA에 숨어 있는 기업가정신을 깨운 덕분이다. 이제 중국 사람들은 원하는 것을 무엇이든 할 수 있다. 물론 중국은 여전히 계획경제 체제이고, 국유기업 체제이며 온갖 제약 속에서 살아가고 있다. 그러나 중국식 사회주의는 개혁개방 정책 이후 지난 30여 년 동안 중국의 모든 것을 국가가 소유했다는 흔적에 불과할 뿐이다.

나는 오늘날의 중국을 현재의 세계에서 가장 자본주의적 국가라고 말한다. 해외 투자자들은 하나같이 중국에서 사업을 하고 싶어 한다. 일단 허가를 받으면 그 다음부터는 매우 자유롭게 기업활동을 할 수 있기 때문이다. 심지어 허가를 받는 일도 그리 어렵지 않다. 중국의 기업가들도 세계 무대를 상대로 자신들의 영향력을 넓혀가고 있다. 그들은 전 세계를 돌아다니며 유전, 대농장, 광산 등 눈에 보이는 대로 온갖 생산적 자산을 사들이고 있다. 내 생각처럼 그들도 원자재 부족을 예상하기 때문이다.

특히, 중국의 기업들이 세계로 진출하면서 일자리를 만들어주고 많은 투자를 하는 덕분에 투자 대상인 국가들의 호감을 사면서 정치적 영향력도 얻고 있다. 2010년 초반 유럽의 재정위기 때 중국이 유럽의 국채를 사들였던 것이 대표적이다. 이러한 배경을 통해 만약 중국이 투자자금을 모두 잃는다고 해도 중국은 IMF와 세계은행에서 정치적 영향력을 발휘하게 될 것이다. 그리고 유럽인들은 자신들이 위기에 빠졌을 때 중국이 자신들을 구해줬다는 기억을 떠올릴 것이다.

미국이 무역전쟁
일으킨 이유

중국은 최첨단 10개 산업의 부품과 소재의 국산화를 이루어내어 제조 강국으로 도약한다는 내용의 '중국제조 2025' 전략을 세웠다. 2020년까지 국산화율을 40%로 높이고, 2025년까지 70%로 끌어올려 2025년에는 한국을 능가하고, 2035년에는 독일과 일본, 2045년에는 미국을 능가하는 것을 목표로 삼고 있다.

중국의 거침없는 대국굴기 행보에 세계의 패권국가인 미국은 견제에 나섰다. 특히 무역전쟁의 일환으로 미국은 자신들의 화력 중 상당 부분을 화웨이에 집중하고 있다. 미국은 화웨이의 통신장비 도입을 배제하면서 주요 국가들에게도 화웨이 견제에 동참할 것을 종용하고 있다. 미국이 왜 일개 기업에까지 신경을 곤두세우고 성장을 저지하려고 할까? 중국은 그동안 국유기업에 막대한 보조금을 지급하면서 기술 개발을 지원했다. 또 선진국의 지식재산권을 침해했고 산업인력을 빼냈다. 그게 여의치 않으면 기업을 인수해버렸다.

그런 와중에 화웨이는 높은 품질과 가격 대비 성능으로 5세대 이동통신5G 장비 1등 기업으로 올라섰다. 화웨이가 5G 관련 기술을 장악한다면 통신 분야 패권을 쥐는 데에서 그치지 않을 것이다. 5G는 국가 안보와도 관련된 기술이고, 산업 측면에서도 스마트 팩토리, 사물

인터넷, 자율주행 등 전방위로 혁신을 일으킬 것이 분명하다. 5G 관련 특허 중 중국 화웨이와 ZTE가 약 30%를 차지하고 있다. 미국 기업으로는 유일하게 퀄컴이 8%의 점유율로 10위권에 들었다. 이 같은 점유율 격차는 국가별로도 비슷하다. 중국 기업이 5G 표준 필수 특허 기술을 34% 가까이 차지했다. 미국은 14%에 그쳤다. 한국은 25%, 핀란드가 14%를 차지했다. 이 밖에 10% 미만 점유 국가로는 스웨덴(8%), 일본(5%), 대만, 캐나다, 영국(각각 1% 미만) 순이다.

미국이 두려워하는 것은 향후 5G 시대를 주도하고 장악할 중국의 기술 패권이다. 미국과 중국의 무역전쟁이 어떻게 귀결될지는 예상하기 어렵다. 두 대국은 물론이고 관련된 국가와 기업들이 첫 단계에서 어떻게 대응하는지, 그리고 그 결과를 놓고 각 참여자들이 어떤 의사결정을 하고 어떻게 행동하는지에 따라 '전선'이 이동하기 때문이다.

중국에 내제된 리스크
낮은 출산율과 증가하는 부채

미국에서 그토록 견제하고 있는 중국에게도 외부 위험요인 외에 자체 리스크가 존재한다. 첫째로 낮은 출산율, 둘째로 점점 증가하는 부채가 그것이다. 최근 20년간 중국의 출산율은 인구 대체 수준을 밑돌고 있다. 인구 대체 수준이란, 현재 수준의 인구를 유지하는 데 필요한 출산율의 수준을 의미한다. 중국의 출산율이 낮아진 것은 1979년부터 실시된 '한 자녀 정책' 때문이다. 해당 정책의 시행 이전부터 지속적으로 낮아지고 있던 중국의 출산율은 한 자녀 정책 이후 한층 심화됐다. 2014년에 이르러 중국 정부는 출산율 저하와 노동력 부족을 우려해 부부 중 한쪽이 외동인 경우에 두 자녀 출산을 인정하는 '단독 두 자녀 정책'을 도입했다. 2016년에는 두 자녀 정책마저 폐지되고, 두 자녀 출산이 합법화됐지만 오늘날 중국 부부들은 양육비 부담과 커리어 관리를 이유로 아이를 갖지 않으려고 한다.

또 다른 내부 리스크로 중국 내 비금융 기업 부문 부채 비율이 심각하게 악화됐다. GDP 대비 기업부채 비율이 높으면 장기적으로 경제성장을 저해한다. 중국 기업의 GDP 대비 부채 비율은 2013년 말 142%에서 2019년 1분기 말 155%로 13%p 높아졌다. 중국의 기업부채 비율은 G20 국가와 비교해서도 높은 수준이다. G20 국가의 GDP 대비 기업부채 비율은 91%로, 중국의 비율은 이를 64%p나 초과했다. 국가부채로 악명이 높은 일본의 기업부채 비율은 같은 기간 102%에서 103%로 별다른 변동이 없었다. 러시아는 43%에서 46%로 소폭 올라갔고, 인도는 52%에서 45%로 개선됐다. 한국도 98%에서 96%로 나아졌다. 미국은 75%, 독일은 58% 수준이었다.

앞으로 중국이 미국과의 무역전쟁과 내부의 리스크에 어떻게 대응해나갈지는 예상하기 어렵다. 한 가지는 확실하게 말할 수 있다. 중국의 대국굴기는 한동안 제동이 걸릴 수 있지만 멈출 수는 없다는 것이다.

러시아에 대해
낙관론으로 돌아선 이유

10년 전까지만 해도 나는 러시아 투자에 대해 매우 비관적이었다. 1966년 당시 소련이었던 차가운 시베리아 땅을 처음 방문했을 때 굳게 드리운 철의 장막에 가로막혀 희망적인 조짐을 전혀 발견할 수 없었다. 소련이 붕괴되고 러시아로 거듭난 후로도 뚜렷한 변화의 움직임은 감지되지 않았다. 그사이 러시아의 출산율은 매우 낮아져서 인구 문제가 매우 심각해진 데다 고령화도 빠르게 진행되고 있었다. 또 러시아 외곽의 여러 지역은 서로 다른 민족, 종교, 언어를 갖고 있어, 분리 독립을 하려는 움직임도 포착됐다. 나는 이러한 문제들로 인해 언젠가 러시아가 또다시 해체될 것으로 예상했다.

그러던 중 크렘린궁으로부터 변화가 시작됐다. 그들은 더 이상 과거 러시아 제국 시절의 방식이나 공산주의 금권주의자plutocrats들의 방식으로는 버틸 수가 없다는 사실을 깨달은 것 같았다. 블라디미르 푸틴 대통령의 경제 개발 의지가 적극적으로 반영되기 시작하면서 그동안 열악하기 그지없었던 도로 상황이 대폭 개선되고, 극동지역 개발에 막대한 자금이 투여되고 있다.

나를 비롯해 러시아 투자에 관심이 많던 투자자들로서는 기꺼이 환영할 만한 변화였다. 기본적으로 러시아는 투자 대상으로 삼을 만한 원천이 풍부한 나라다. 농업, 관광업을 비롯해, 특히 자원 분야에서는 독보적이다. 세계 최대의 석유 생산국이면서 막대한 천연자원을 보유하고 있는 러시아는 최근 자원 수출의 다각화를 이루기 위한 새로운 활로 개척에 집중하고 있다.

러시아에 일고 있는
변화의 바람

나는 러시아 투자에 대한 긍정적인 의지를 밝힌 후 '무엇에 투자하는가'라는 질문을 가장 많이 들었다. 앞서 말했듯 나는 특정 종목을 아는 것이 중요한 게 아니라 투자해야 할 종목이 왜 중요한지, 자신이 잘 알 수 있는 분야인지를 먼저 판단하는 것이 중요하다고 늘 강조한다. 그런 맥락에서 내가 공공연하게 말해온 러시아 투자 종목은 유럽 최대의 인산질 비료 제조기업인 화학회사 포스에이그로PhosAgro, 항공회사 아에로플로트Aeroflot의 주식과 러시아 국채다.

최근 유가가 붕괴하고 국제사회 제재로 인해 러시아는 경기 침체에 빠져 있다. 그럼에도 불구하고 긍정적으로 고려할 만한 사실은 러시아 정부의 부채가 적다는 점이다. 따라서 높은 수익률을 기대해볼 만한 러시아 국채(주로 단기채)에 투자했고, 달러 대비 강세를 보이는 루블 역시 꾸준히 사들이는 중이다. 특히 루블화의 경우 이미 성공적인 수익을 거둬들이기도 했다. 러시아 재정 상태는 러시아 중앙은행의 전문적인 통화정책으로 인해 전반적으로 수익률이 좋고 부채율이 낮으며 인플레이션도 안정적인 수준을 유지하고 있다. 그 덕분에 루블화 가치도 안정을 유지하고 있다.

대체로 사람들은 러시아를 언급하면서 늘 '문제가 있다'는 식으로 말한다. 나는 그들이 무엇을 근거로 러시아에 문제가 있다고 말하는지 직접 묻고 싶다. 장담하건대 그들 중 어느 누구도 러시아에 가보지 않았고, 러시아와 관련된 데이터를 깊이 있게 들여다보지 않았을 것이다. 나는 러시아가 그리고 있는 경제 지표를 보고 있으면 분명 러시아에 변화가 일어나고 있다고 믿는다.

러시아가 그리고 있는
긍정적인 경제 지표

IMF에 따르면 러시아의 경제 생산 규모는 2017년을 기준 1조 5,784억 달러(한화 약 1,892조 9,751억 원)로, 이는 세계 11위에 해당하는 수준이다. 참고로 경제 생산 규모 세계 10위는 캐나다로 1조 6,471억 달러(한화 약 1,975조 3,670억 원)이고, 12위는 한국으로 1조 5,308억 달러(한화 약 1,835조 8,884억 원)에 이른다.

GDP 대비 러시아의 공공 부채율은 20%도 되지 않는다. 러시아와 같은 산유국에서 세수의 상당 부분은 변덕스런 국제 유가가 좌우한다. 이에 대비해 러시아는 확고한 재정운용 원칙을 갖고 있다. 러시아 예산은 배럴당 40달러의 국제 유가에 기반해 책정된다.

기준보다 높은 유가로 초과된 세수는 무조건 예비금으로 쌓아두기 때문에 2018년 러시아 재정은 상당한 흑자였다. 정부는 과다지출을 억제하면서 인플레이션을 억누르는 효과를 내고 있으며, 러시아중앙은행은 통화정책 개입없이 물가 목표치(4%)를 달성하고 있다.

러시아의 미래를 긍정적으로 보게 만드는 또 다른 변화는 미국과의 관계 개선에서부터 시작될 것이다. 2014년부터 미국과 EU가 우크라이나 침공을 이유로 러시아에 경제 제재를 취한 이후 러시아의 신용등급이 하락하고 GDP 성장률도 마이너스로 전환됐다. 그러나 러

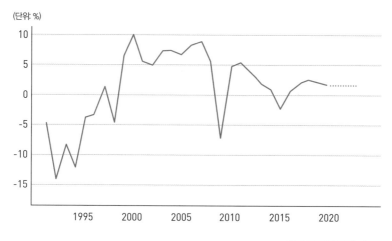

러시아의 실제 GDP 성장률 변동 추이(2019년 4월 기준)

(단위: %)

출처: 국제통화기금imf.org

시아에 우호적인 자세를 취하고 있는 트럼프 대통령 덕분에, 러시아에 취해진 국제사회 제재가 완화될 것으로 전망된다. 한편 2019년 7월, 〈이코노미스트〉는 러시아 주식이 다소 위험하다는 분석을 내놓았다. 그 근거로 러시아 정부가 2003~2004년 거대 에너지 기업 유코스를 해체한 것을 들고 있다. 이 사례를 통해 아직 러시아에서는 기업 주주의 재산권이 권력으로부터 보호를 받지 못한다는 것을 알 수 있다.

하지만 내 생각은 조금 다르다. 우선 주가는 과거보다는 미래를 보고 움직인다. 다시 한번 내 지론을 강조하자면, 다수의 비관론자가 존재할 때가 바로 투자의 적기다. 게다가 현재 러시아 주가는 저렴한 수준이다. 가격 면에서 러시아의 주식이 매력적인 것은 비관론자를 대변한 〈이코노미스트〉도 인정했다. 해당 매체에서는 러시아 주가지수의 주가수익비율PER이 6배로, 신흥국 지수의 12배에 비해 절반에 불과하다고 설명했다. 비관론이 팽배한 주식시장과 저렴한 주식이라는 두 가지 변수의 조합은 자주 찾아오지 않는다. 2019년 8월 말 모스크바에서 열린 투자 라운드테이블에서 나는 이런 전망을 제시했다.

당시 모스크바 라운드 테이블에서 일부 구체적인 낙관론도 들을 수 있었다. 러시아 최대 사모펀드인 BVCP의 시니어 파트너인 엘레나 이바센체바는 "우리는 러시아에 계속 투자할 것"이라고 말했다. 그는 "투자자들이 러시아 주식시장의 잠재력을 온전히 이해하지 못한다."면서 "우리는 핀테크, IT, 통신, 은행, 소매 등의 업종에 투자하는데, 투자 대상 기업은 모두 연간 30% 넘게 성장한다."고 말했다. 또한 러시아 경제의 잠재력과 관련해 "중소기업 비율이 서구는 50% 이상인 데 비해 러시아는 25%밖에 안 된다."고 말했다. 그는 덧붙여 BVCP의 운용 자산이 30억 달러에 이른다고 밝혔다.

이러한 일련의 긍정적인 흐름들을 고려했을 때, 장기간 약세장이 이어져오고 저평가된 러시아 주식시장은 좋은 가격으로 꽤 훌륭한 수익을 기대해볼 수 있는 투자처라고 믿는다.

미래는 모두가
만들어가는 것

'세계 3대 투자자.' 이는 나를 지칭하는 수식어 중 하나다. 한국을 방문해 참석한 포럼이나 컨퍼런스에서 이렇게 소개해줄 때마다 무척 영광이었다. 흔히 워런 버핏과 조지 소로스 그리고 나를 가리켜 '세계 3대 투자자'로 꼽는다고 들었다. 만약 투자 분야를 주식으로 한정하면 '세계 3대 투자자'는 워런 버핏, 존 템플턴 경, 피터 린치, 이렇게 세 사람이 아닐까 생각한다. 물론 내가 그들과 함께 '4대 투자자'의 반열에 올려진다면 영광으로 받아들일 따름이다.

앞서 언급했듯, 흥미롭게도 우리 네 명의 투자자 모두 한국과 인연이 있다. 린치는 그중 가장 먼저 한국을 방문했고(당시 걸음마 단계였던 한국 증시에 투자하지는 못했다), 템플턴은 한국이 외환위기에 처한 상황에 찾아와 수익을 이뤘고, 버핏은 한국 주식이 저평가되던 시기에 왔다. 그리고 나는 지금 한국에 와 있다.

오래 기다려온 한반도 투자의 목전에서 나는 이 땅에서 펼쳐질 드라마틱한 미래를 세계 곳곳에 알리는 역할을 하고 있다. 한국과 북한을 나누는 국경이 사라지고 경제가 통합되면서 펼쳐질 역동적인 변화를 기대하고 있다. 그 변화가 이뤄지기 시작하면 한국 증시는 세계 경제에 막대한 에너지를 발산할 것이다.

물론 한반도 경제통합의 과정이 탄탄대로로 펼쳐지지는 않을 것이다. 오늘날 사회주의 체제를 유지한 채 미국과 수교하지 않은 나라는 북한이 유일하다. 미국과 지척 사이인 사회주의 국가로서 오랫동안 적대적 관계로 지냈던 쿠바도 2015년에 미국과 국교를 정상화했다. 하지만 북한은 1950년 6·25 전쟁을 일으킨 이래 약 70년 동안 한국과 미국을 적국으로 삼아 대치해왔다.

다행히 최근 미국과 북한의 두 정상은 직접 만나 문제를 해결하려는 모습을 보이고 있다. 북한과 미국은 2018년 6월 역사상 최초로 싱가포르에서 정상회담을 한 데 이어 2019년에는 베트남에서 두 번째 정상회담을 개최했다. 두 번의 정상회담을 통해 양국의 입장 차이가 줍혀진 것은 아니지만, 두 정상이 만나 대화의 물꼬를 튼다는 것 자체만으로도 관계 개선의 첫걸음으로 의미가 컸다.

한반도에 관한 강연을 할 때마다 사람들이 내게 하는 질문들이 있다. "미국과 북한과의 관계, 그리고 한국과 북한과의 관계가 어떻게 전개되리라고 보는가?" "북미 관계가 언제쯤 진척을 보일 것으로 예상하는가?" 나는 이런 질문에 대해 이렇게 답하곤 한다. "미래는 모두가 만들어가는 것이죠."

한반도에 평화를 조성하고 북한이 국제사회에 문호를 개방하도록 하는 일은 각 주체가 어떻게 하느냐에 달려 있다. 미국과 북한이 당사자이지만, 한국의 문재인 정부도 중요한 역할을 맡고 있다. 중국과 일본, 러시아도 같은 테이블에 앉아 있다. 나는 앞으로 한반도 평화 프로세스에서 문재인 정부가 지금까지보다 더 적극적으로 기여할 수 있다고 기대한다. 또한 그런 역할을 할 것을 주문한다. 이 책은 '앞으로 5년, 한반도 투자 시나리오'라는 주제로 향후 5년을 내다보고 있다. 앞으로 5년 안에 '큰 변화가 일어날 수 있다'는 얘기는 '그렇게 만들 수 있다'는 뜻이다. 한반도의 변화를 이끌어낼 수 있는 주역은 바로 한국과 미국이다. 물론 북한이 스스로 달라진다면 더 이상 바랄 나위가 없다.

서양 속담에 '동이 트기 전에 어둠이 가장 짙다'는 말이 있다. 북한 문제가 간혹 막다른 골목에 처한다면 나는 위가 속에 기회가 있다는 말을 한국인들에게 들려줄 것이다.

나를 세계 3대 투자자 반열에 올려준 한국인들에게 감사한다. 그러나 내가 한국에서 받고자 하는 평가는 '통합된 한반도 경제의 비전을 제시한 투자자'라는 것이다. 한때 세계에서 가장 역동적이었던 한국 경제가 북한 경제와 통합해 펼쳐 보일 변화를 예측한 투자자라는 것이다. 한반도를 중심으로 일어날 그 변화가 미국과 중국, 러시아를 넘어 전 세계로 뻗어나가리라 믿는다.

JIM ROGERS' 5-YEAR KOREAN PENINSULA

INVESTMENT SCENARIO